Sünje Pohlmeier

Wide as the sky
Die Geschichte von Pia und Jan

Sünje Pohlmeier

Wide as the sky

Die Geschichte von Pia und Jan

Schulte & Gerth

Best.-Nr. 815 719
ISBN 3-89437-719-4
1. Auflage 2000
Umschlaggestaltung: Hanni Plato
Coverfoto: Tony Stone
Satz: Die Feder GmbH, Wetzlar
Druck und Verarbeitung: Ebner Ulm
Printed in Germany

Vorwort

Die Eltern meiner Freundin haben uns Mädchen vor langer Zeit etwas mit auf den Weg gegeben, das ich seit damals nie vergessen habe.

Sie sagten: „Es gibt zwei Prüfungen im Leben, die Ihr mit Eins bestehen *müsst*. Die erste ist die Frage, ob Ihr Euer Leben an Gott ausrichtet, und die zweite, kaum weniger wichtige, ist die, welchen Mann Ihr heiratet."

Ich bin glücklich sagen zu können, dass ich in beiden Fällen ein glatte Eins kassieren durfte! Seit meinem 18. Lebensjahr gehe ich meinen Weg mit Gott und habe diese Entscheidung nie im Geringsten bereuen müssen. Nie hat er mich hängen oder zu kurz kommen lassen.

Eines seiner besonderen Geschenke an mich bestand darin, dass er mir meinen Mann Ralf an die Seite gestellt hat (meinen anderen „Einser"!). Auch diese lebenswichtige Entscheidung habe ich nie bereut und bin froh, nach neun Jahren Ehe Ralf sogar noch mehr zu lieben als damals, als wir gesagt haben „Ja, ich will!"

Allen, denen diese Entscheidungen noch bevorstehen, wünsche ich von Herzen, dass sie sich mit nichts weniger als einer glatten Eins zufrieden geben!

Herzliche Grüße
Sünje Pohlmeier

P.S.: Und noch eine Anmerkung: Alle Personen in diesem Buch sind frei erfunden. Eventuelle Ähnlichkeiten mit lebenden Personen sind daher rein zufällig. Auch die örtlichen Gegebenheiten entstammen zum größten Teil der Phantasie der Autorin!

1

„*En garde*, Pia – wir haben heute wieder Publikum", klang es verschmitzt hinter Lisas Fechtmaske hervor.

Ich hatte mir diesen Uni-Sportausweis besorgt und konnte nun auch als Nicht-Studentin die zahlreichen Möglichkeiten des Sportforums der Christian-Albrechts-Universität nutzen. Für mich eine einmalige Gelegenheit, trotz meines Schichtdienstes und ohne hohe Vereinsbeiträge Sport zu treiben.

Und ich nutzte diesen Ausweis total aus: Fechten war nur eine Sache, die ich regelmäßig machte. Ich hatte das früher im Fernsehen manchmal gesehen und fand es irgendwie klasse, wie sich diese weißen, maskierten Gestalten anmutig wie die Wildkatzen umtänzelten und dann blitzschnell ihre Degen zischen ließen. Na, und als ich das hier in der Halle dann wieder entdeckte, war es das Erste, was ich mit meinem neu erworbenen Sportausweis machen wollte. Inzwischen waren auch regelmäßige Schwimm-Aktionen und Aerobic dazugekommen. Das musste reichen – ich war nämlich im letzten Jahr meiner Ausbildung als Krankenschwester und musste mir auch noch Zeit zum Büffeln lassen.

Tja, und heute hatten wir also wieder „Publikum". – Das war hier übrigens nichts Besonderes, da das Sportforum aus verschiedenen Hallensektionen bestand, die in einer einzigen Riesenhalle untergebracht waren. Wenn man reinkam, konnte man von dem Gang aus auf all diese verschiedenen Sportsäle hinunterschauen, was ich übrigens auch manchmal vorher oder hinterher tat. So bekam man schließlich manchmal erstklassige Volleyballmatches zu Gesicht oder wahnwitzige Verrenkungen im Ballettkostüm – und das alles gratis . . .

Ich war also nicht die Einzige, die sich hier an die Balustrade lehnte und die Zuschauerin spielte. Und gerade beim Degenfechten war Publikum keine Seltenheit – auch wenn wir in unserer anfängerhaften Stümperei natürlich noch meilenweit entfernt waren von der Anmut der Fernseh-Wildkatzen. Na, aber es gab immerhin einige Leutchen, die sich selbst *das* gerne ansahen. Aber das meinte Lisa eben nicht. Sie hatte nicht auf Publikum im Allgemeinen angespielt, sondern auf *den einen* unter den Zuschauern, den ich in der letzten Zeit öfter entdeckt hatte.

Vielleicht war seine Halle noch nicht frei. Aber dann hätte er ja auch später kommen können. Tat er aber nicht. Seit ein paar Wochen stand er regelmäßig oben auf dem Gang und guckte uns zu. Mindestens eine Viertelstunde – manchmal sogar länger. Hm. Vorher hatte ich ihn kaum wahrgenommen. Dabei wohnten wir sogar im gleichen Haus: Er oben unterm Dach und ich unten. Dazwischen wohnten noch Schlüters, eine Familie mit zwei kleinen Kindern, die mich manchmal nervten, wenn ich Nachtschicht hatte und folglich tagsüber schlafen musste.

Unbegreiflich, dass zwei kleine Kinder sich wie eine ganze Büffelherde anhören können . . .! Na, aber eigentlich waren sie ja ganz süß, die beiden. Ich mag nämlich Kinder. Nur eben nicht, wenn ich gerade Nachtschicht habe.

Bisher kannte ich Jan fast nur vom Namensschild: Beseler Allee 30, 2. Stock: Jan Olsen. Das war's. Na ja, ein „Hallo" im Treppenhaus ab und zu. Er kam, ich ging oder umgekehrt. Mehr nicht.

Na, und nun stand Jan also Donnerstag für Donnerstag hier und guckte mir zu – oder wie sollte ich das deuten? Lisa sagte, letztes Mal, als ich Spätdienst hatte und folglich nicht zum Fechten konnte, war er auch kurz da, aber als er mich nicht entdeckt hat, ist er gleich wieder abgezogen. Ganz enttäuscht soll er ausgesehen haben, sagte Lisa – aber das war sicher pure Einbildung. Hätte ich Lisa bloß nichts erzählt, dann würde sie mich jetzt auch nicht ständig foppen. Die schien sich sonst was für Romanzen zusammenzustricken – dabei war da überhaupt nichts. Wir kannten uns ja nicht mal, Jan und ich.

Als ich letztes Jahr aus dem Wohnheim ausgezogen war und endlich meine eigenen vier Wände kriegte, hatte ich mich kurz vorgestellt. Bei Familie Schlüter über mir und dann bei Jan. Der war aber ziemlich kurz angebunden und sagte, er müsse leider gleich weg – sei schon viel zu spät dran, seine Vorlesung begänne in zehn Minuten. Student war er also . . . aber was er studierte? Keine Ahnung. „Man sieht sich!", hatte er damals gesagt; das war jetzt über ein Jahr her. Ja: Recht hatte er – gesehen hatten wir uns ab und an im Treppenhaus.

„Touché!"

Lisa hatte mich mit ihrem Degen an der Seite getroffen. Schade eigentlich. Man sollte beim Fechten doch lieber seine Sinne beisammen haben, statt über irgendwelche Zuschauer nachzugrübeln.

2

Allmählich fand ich die Sache richtig seltsam. Ich schien Jan überall zu begegnen. Neulich hatte er sogar beim Aerobic zugeguckt. Das war nun echt nicht sehenswert! Ich machte das nur, um fit zu bleiben. Reine Abhampelung und dazu noch ein schrecklicher Massenauflauf. Völlig unspannend. Es sei denn für Spanner. Die könnten sich vielleicht an unserem Gehüpfe noch ergötzen. Aber so einer war Jan ja wohl nicht . . . oder doch?

Mir wurde ein bisschen flau im Magen. Immerhin kam ich oft nachts oder ganz früh morgens nach Hause. Was, wenn der jetzt so'n verkappter Triebtäter war, der mir eines Nachts auflauerte? (Grusel!) *Na, Pia, jetzt geht wohl deine Fantasie mit dir durch*, mahnte mich mein Verstand – und trotzdem fühlte ich mich immer total beobachtet, wenn Jan auftauchte.

Mal gucken, ob er immer noch da war . . . Da! Jetzt hatten sich unsere Blicke getroffen. Ich war zum Glück sowieso rot im Gesicht vom Hampeln – sonst hätte ich das Erröten jetzt nachholen müssen.

Er hatte *mich* angeguckt – aus ca. 90 Aerobic-Tussis hatte er mich im Visier. Warum bloß? Was wollte der Typ von mir?

3

Nun hatte es sich endlich aufgeklärt. Das mit Jan, meine ich. Und das kam so: Ich hatte meinen freien Tag und bin nach genüsslichem Ausschlafen und Frühstücken dann schwimmen gegangen. Eigentlich kommt man als Nicht-Sportstudent vormittags kaum in die Halle rein, bis auf einige Stunden in der Woche, in denen „freies Training für alle" ist. Wie heute Mittag auch. Passte also gut.

Vor lauter Freier-Tag-Hochgefühl hatte ich mich und die Befürchtung, wieder von Jan beobachtet zu werden (die sich in letzter Zeit fast wie ein Verfolgungswahn an meine Fersen geheftet hatte), ganz vergessen. Ich schwamm meine Runden, zog mich dann um und wollte mich gerade gut gelaunt auf die Pirsch nach irgendetwas Essbarem machen, da stand er plötzlich vor mir. Jan hatte vor den Umkleideräumen auf mich gewartet. Ich wäre fast rückwärts umgekehrt, doch dann beschloss ich, dem Übel endlich auf den Grund zu gehen.

„Hallo, Pia. Hast du Lust, mit mir in die Mensa zu kommen?"

Ich war wie vom Donner gerührt und muss wohl ausgesehen haben wie ein Fragezeichen, so dass Jan sich zu weiteren Erklärungen genötigt fühlte. „Ich hab dich eben in der Schwimmhalle gesehen (*also doch der ständig hinterherschnüffelnde Spanner?*), und da dachte ich ... ich ess nicht gern alleine in dieser Massenabfütterung, weißt du ...?"

Nein, so nett fragte ein Triebtäter wohl nicht; außerdem kam mir Jan richtig schüchtern vor. Im Gegensatz zu seinem eindrucksvollen Äußeren – er sah nämlich voll gut aus: Groß, breite Schultern, blond, aber keineswegs blass. Fast wie aus einem

Katalog für Männerklamotten ausgeschnitten, aber nicht so ausstaffiert. Zudem hatte er irgendwie ein nettes, einladendes Gesicht ... vor allem mit diesem Anflug von Schüchternheit.

„Ja, warum nicht?“, antwortete ich also und musste lächeln, weil ich diesen jungen Mann scheinbar ziemlich falsch eingeschätzt hatte. Nur gut, dass er meine Gedanken nicht lesen konnte!

Erleichtert lächelte Jan zurück und so machten wir uns auf den Weg. Zur Mensa war es zum Glück nicht weit, also brauchten wir die peinliche Stille nicht allzu lange zu ertragen, die sich auf dem Weg zwischen uns breit machte.

An der Kasse angekommen, stellte ich mich brav in der Schlange für Besucher an. Die müssen nämlich mehr bezahlen. Aber Jan meinte, die verlangen sowieso nie den Studentenausweis, ich könne mich also getrost in seine Schlange einreihen. Nun hatten wir auch endlich was zu besprechen: Ob ich hier schon mal gegessen hätte? Ja, mit Lisa, meiner Freundin, die ich noch von zu Hause aus Rendsburg kenne und die jetzt im ersten Semester Bio studiert. Ob ich Tagesgericht I, II oder Vollwertmenü wolle. Tagesgericht II – Rindergulasch mit Spätzle und Salat (war'n Fehler, schmeckte nach Maggi, aber egal!), und ehe ich mich versah, hatte Jan mir meine Essensmarke bezahlt. Doch protestieren half nichts – er meinte, er habe mich hierher geschleppt und nun wolle er mir wenigstens mein Essen ausgeben.

Wir suchten uns einen Platz am Fenster, um der allzu schrecklichen Fress-Fabrik-Atmosphäre zu entgehen. (Gibt es etwas Hässlicheres als diese Mensa?) Jan hatte wohlweislich das Öko-Menü genommen, das ihm anscheinend gut schmeckte, und taute, Körner kauend, auch nach und nach auf.

Richtig nett war es, so mit ihm hier zu sitzen; trotz des Mensa-Geklappers alle Mal besser, als sein Süppchen allein zu Hause in sich hineinzuschlürfen. Im Laufe der Mahlzeit erfuhr ich dann auch so einiges über ihn: Er war Agrarstudent im zweiten Semester und kam eigentlich aus der Nähe von Husum an der Nordsee. Er war der Zweitjüngste von sechs Kindern.

Erstaunt sah ich zu ihm rüber. Jan zuckte nur mit den Schultern: „Meine Eltern sind fromm. Die glauben nicht an Verhütungsmittel, denke ich. Genau habe ich das allerdings nie rausgekriegt. Ich meine, ob wir alles Wunschkinder waren. Über so etwas spricht man bei uns nicht." Mit einem Grinsen und einem erneuten Achselzucken fuhr er fort: „Meine Eltern haben einen Hof, den ich erst mal total umkrempeln werde, wenn mein Alter dermaleinst den Löffel abgibt."

Wieder schaute ich verblüfft auf. Ich würde meinen Papa nie als „meinen Alten" titulieren – das klingt irgendwie so abfällig und total entwürdigend, fand ich. Jan muss meine Gedanken wohl geahnt haben, denn wie zu seiner Rechtfertigung legte er nun los, *wie* veraltet und unlukrativ der Betrieb doch sei und wie sich sein Paps gegen jegliche Innovation sperren würde und wie man mit geringen Mitteln aus dem Land und dem vorhandenen Potenzial an Geräten und Gebäuden die Produktion um ein Vielfältiges steigern könne und, und, und . . .

„Aber ich will dich nicht langweilen mit meinen Agrarstorys", sagte er schließlich mit einem gewinnenden Lächeln. Er hatte sich richtig in Fahrt geredet, als ob wir uns schon seit Ewigkeiten kennen würden, was mich etwas erstaunte, aber wesentlich besser war als das peinliche Schweigen am Anfang.

„Du machst hier öfter was im Sportforum, nicht?", wechselte er jetzt das Thema.

„Du hast mir schon öfter zugeguckt, stimmt's?", platzte ich heraus, eh ich mich eines Besseren besinnen konnte. Jan fühlte sich ertappt. Sah ich da nicht sogar eine kleine Spur von Erröten auf seinen Wangen?

„Ja, zugegeben, ich wollte dich schon ein paar Mal abpassen, um mal mit dir essen zu gehen – hat aber nie geklappt. Ist doch komisch, so übereinander zu wohnen, im gleichen Sportkomplex zu ‚sporten' und sich kein Stück zu kennen, oder?" Nun war seine Verlegenheit verflogen und er schaute mir direkt ins Gesicht.

„Na ja, zugegeben", erwiderte ich. Nun war ich übrigens etwas tomatenmäßig angelaufen. „Ich hab mich auch schon gefragt, was du überhaupt studierst und so."

„Das können wir übrigens gerne mal wiederholen – das mit der Mensa, meine ich", wagte Jan jetzt den Vorstoß. „Ich ess wie gesagt nicht gern allein. Bist du öfter über Mittag hier?"

„Leider nur an meinen freien Tagen", gab ich zurück.

„Dann sag doch nächstes Mal vorher Bescheid, dann brauch ich dich auch nicht mehr *rein zufällig* zu treffen", schloss Jan das Gespräch mit einem Augenzwinkern. „Abgemacht?"

„Abgemacht!"

4

Aus dieser Abmachung wurde allerdings erst mal nichts. Zuerst war mein Dienstplan schuld und dann, als ich endlich mal wieder Zeit zum Schwimmen hatte, fand ich es zu peinlich, bei Jan anzuklopfen und um ein Rendezvous zu bitten. Vielleicht hatte er ja nur höflichkeitshalber gesagt, dass wir uns ruhig mal wieder treffen könnten. Nun, wo er mich eingehender unter die Lupe genommen hatte, schaute er uns auch nie mehr beim Fechten zu – zu Lisas großer Verwunderung. Der hatte ich das mit der Mensa nämlich erzählt und sie hatte mal wieder gleich die wildesten Vorstellungen . . . Das ist mir vielleicht eine!

Wahrscheinlich wollte Jan wirklich nur wissen, wer da seit über einem Jahr fast unbemerkt die Kellerwohnung unter ihm bewohnte. Nun wusste er es – also gut und Schluss.

Wenn ich ehrlich war, fand ich es schon ein bisschen schade, dass das jetzt alles gewesen sein sollte. Ich meine – das Mensa-Treffen war doch echt ganz nett gewesen und so viele Leute kenne ich hier ja auch noch nicht, da wäre es schon richtig klasse, wenn man jemanden hätte, bei dem man just mal eben vorbeischauen kann. Auf 'ne Tasse Kaffee oder so.

Mehr musste es ja auch gar nicht sein. Nein, wirklich nicht . . . Na ja . . . zugegeben . . . Man ist ja nicht irgendwie anomal veranlagt und Jan sah eben *wirklich* gut aus und irgendwie nett war er auch . . .! (Jetzt fing ich schon genauso an wie Lisa – ts, ts, ts!)

Aber was nicht war, war eben nicht. Basta.

Deswegen war ich auch total geplättet, als Jan eines Abends nach dem Fechten an der Treppe auf uns wartete.

„Hallo, Pia", grinste er mich an. „Habt ihr Lust, euch noch mit uns ein bisschen in 'ne Pinte zu setzen?" Mit einer legeren Handbewegung zeigte Jan auf den Typen neben ihm. Ein schlanker dunkelhäutiger Mann, der so um die Mitte zwanzig sein musste. Den hatte ich schon öfter bei Jan ein- und ausgehen sehen – wohl ein Kommilitone.

Lisa meinte: „Na, klar doch – das wollten wir eh gerade machen. Wir haben einen Bärenhunger, nicht, Pia?"

Wir fuhren – alle per Rad, wie sich das für arme Studenten und Azubis gehört – in „die Bazille". Für meinen Geschmack ein zwar etwas verrauchter Schuppen, aber die Baguettes und die Salate waren gut und billig. Ich war nämlich ganz schön knauserig, was meine wenigen sauer verdienten Kröten angeht. Möchte meinen Eltern nicht zu sehr auf der Tasche liegen. Meine jetzige Wohnung – obwohl eigentlich nur ein Wohnklo mit Kochnische – kostete stolze 650 DM. Sie war also fast doppelt so teuer wie das Zimmer im Schwesternwohnheim, wo ich die ersten 1 ½ Jahre meiner Ausbildung gefristet habe. Aber dann gingen mir der ständige Lärm auf den Fluren und die sterile Atmosphäre doch so gewaltig auf den Keks, dass ich mich nach was anderem umgesehen hatte.

„Ein Thunfisch-Baguette und 'ne Cola light, bitte", war wohl die einzige mehr als einsilbige Äußerung, die ich so von mir gab. Irgendwie ging der Abend ziemlich an mir vorüber. Außerdem grübelte ich ständig darüber nach, ob ich mir bei dieser überraschenden Aktion nun eigentlich was denken sollte oder lieber nicht. Bildete ich mir bloß ein, dass Jan ständig Blickkontakt mit mir suchte oder waren meine Nerven etwas überspannt? Nee, ehrlich – mich nervte das alles eher, als dass es mir geschmeichelt hätte. Außerdem war ich hundemüde und wollte eigentlich nur schnell nach Hause.

In der Mensa neulich war es ganz anders gewesen. Locker und eigentlich überhaupt nicht britzelig, sondern einfach nur nett. Aber ob es nun daran lag, dass ich mir alle erdenkliche Mühe gab, nicht von Lisa bei irgendwas erwischt zu werden oder ob Jan nun wirklich anders drauf war – es prickelte irgendwie etwas spannungsgeladen zwischen uns. Doch statt das zu genießen, machte es mich fast sogar sauer auf Jan.

Der hatte mich wohl etwas gefragt, denn aller Augen richteten sich auf mich! Gnädigerweise wiederholte er seine Frage: „Ob du bös im Stress warst die letzten Wochen . . ."

„Ja, ja, ich musste viel lernen und habe gerade acht Nachtwachen hinter mir", brachte ich teils wahrheitsgemäß heraus. Ich hoffte inständig, dass Lisa den tieferen Sinn seiner Frage nicht erkannte. Das mit dem vereinbarten Wiederholungs-Mensagang hatte ich ihr ja wohlweislich verschwiegen.

Zum Glück übernahm Iskender – so heißt Jans Freund – nun das Gespräch: „Bist du Krankenschwester?"

Ich nickte.

„Meine älteste Schwester in Äthiopien auch."

Und nun quetschte Lisa – die ein Faible für fremde Länder hatte – Iskenders ganze Lebensgeschichte aus ihm heraus. Das war mir ganz recht so. So konnte ich mich aus der Unterhaltung heraushalten. Ich war nämlich von den Nachtwachen wirklich völlig geschafft und auch inzwischen mittelschwer verwirrt.

Was wollte Jan bloß von mir?

5

Mann, war ich müde! Es war halb eins und an Schlaf nicht im Entferntesten zu denken! Dabei hatte ich mich extra um 22 Uhr von den anderen abgeseilt: „'tschuldigung, Leute, bin total geschafft und muss heute endlich mal früh ins Bett."

Zum Glück hat Jan nicht darauf bestanden, mich nach Hause zu bringen. – Puh! – Er blieb noch mit den anderen seelenruhig sitzen. Obwohl, *seelenruhig*? Hatte ich da nicht einen Zug von Enttäuschung in seinen Augen gesehen?

„Oh, Pia, nun fängst du schon wieder an und analysierst das Verhalten dieses Typen!", mahnte ich mich selber – denn nichts anderes hatte ich den ganzen Abend lang getan. Ach, was sage ich, den ganzen Abend – die halbe Nacht! Konnte es mir nicht völlig egal sein, was Jan wollte oder auch nicht?

Und das Blöde an der Sache war auch noch, dass ich mich mehr denn je total von ihm beobachtet fühlte. Ich konnte ja nicht mal Licht machen, um mich mit einem spannenden Buch abzulenken. Was sollte er denn denken, wenn er nach Hause kam? Wahrscheinlich würde er annehmen, ich hätte meine Müdigkeit nur als Vorwand benutzt, um nicht länger mit ihm zusammen sein zu müssen. Und wenn schon? – Aber vielleicht würde er sogar bei mir anklopfen, wenn er noch Licht sah! Wieder lief es mir eiskalt den Rücken runter. Oder noch schlimmer (meine Horrorvisionen überschlugen sich förmlich): Was, wenn er längst da drüben irgendwo stand und meine Wohnung beobachtete? – Zum Glück hatte ich Mamas gute blickdichte Gardinen, die ich jetzt vorsichtig einen Spalt zur Seite schob. Da! Stand da nicht jemand auf der anderen Straßenseite im Baumschatten? Ich war wie eingefroren, bis sich der „Jemand" bei genauerem Betrachten als ein Haufen Sperrmüll entpuppte.

„Also, Pia, du hast wirklich zu viel ‚Tatort' geguckt", tadelte ich mich selbst und ging zurück ins Bett.

Der erste Eindruck prägt, sagt man. Und mein erster Eindruck von Jan war nun mal irgendwie der eines verkappten Triebtäters oder Voyeurs. – War mir ja auch echt peinlich, so über den armen Jungen zu denken. Er hatte mir ja nichts getan und war sehr nett. Was wollte ich denn eigentlich? Wahrscheinlich war *ich* hier die Einzige, die überhaupt so merkwürdige Gedanken hatte. Gar nicht Jan. Manchmal fühlte ich mich – so nett diese eigene Wohnung auch sonst sein mochte – einfach ein bisschen unsicher und sehnte mich nach Mamas und Papas schützenden Mauern zurück. Ehrlich gesagt steckte in mir trotz meiner 19 Jahre noch immer das (kleine) Mädchen, das vor gut zwei Jahren in dieser fremden Großstadt gelandet war und sich die ersten Monate vor Einsamkeit und Heimweh manchmal fast die Augen ausgeheult hatte. – Ja, so eine war ich – gar nicht so cool und überlegen, wie ich mich manchmal gab . . .

Da! Da war ein Geräusch an der Haustür. Blitzschnell schoss ich aus dem Bett und lugte vorsichtig durch die Badezimmergardine – ohne das Licht einzuschalten, versteht sich. Ich sah nur noch einen Schatten. Aber er war es. Angespannt lauschte ich an meiner Wohnungstür: *Tripp, trapp, tripp, trapp, tripp* . . . Uff! Die Schritte gingen nach oben! *Klack!* Das war seine Wohnungstür. Bibbernd vor Kälte und vor Erleichterung ging ich ins Bett.

0:38 Uhr. Endlich schlafen!

6

„Du, ich finde deinen Jan ganz nett.“ Lisa konnte es nicht lassen, mich aufzuziehen.

„Er ist nicht *mein* Jan!“, gab ich ihr gereizt zurück.

„Tschuldigung, tschuldigung. Ist ja schon gut – ich meine ja nur . . .“, erwiderte Lisa wenig überzeugend.

Also, manchmal ging mir Lisa voll auf den Senkel mit ihrem Gelaber. Wir kannten uns ja praktisch schon immer, kamen aus derselben Straße und hatten als Kinder zusammen im Sand gespielt. Lisa war auch in der Schule immer eine meiner besten Freundinnen geblieben. Bis sich unsere Wege trennten. Sie ging aufs Gymi und ich auf die Realschule. So hatte jede dann irgendwann andere Freundinnen und wir hatten uns richtig aus den Augen verloren.

Mit 17 kam ich dann nach Kiel und fing meine Ausbildung

an. Irgendwann Anfang des Jahres rief Lisa plötzlich bei mir an und meinte, sie hätte einen Studienplatz für Bio in Kiel. Ja, und so haben wir unsere Freundschaft recycelt. Lisa war natürlich heilfroh, in diesem anonymen Unigewimmel immerhin einen Menschen zu kennen – obwohl ich ja gar nicht studierte, aber ich wohnte quasi mittendrin. Mir war es auch ganz recht, denn durch Lisa war ich erst auf den Trichter mit dem Sportforum und so gekommen. Es war außerdem wirklich nett, in einer fremden Stadt jemanden zu haben, den man so gut kannte wie ich Lisa. Wir machten total viel zusammen und meistens fanden wir es prima. Aber diese Jan-Geschichte ging sie nun mal nichts an. Rein gar nichts! Es reichte, wenn ich mir darüber schlaflose Nächte bereitete. Da musste sie ja nicht auch noch ständig solche Anspielungen machen.

„Es war doch aber echt nett vorgestern Abend – findest du nicht?“, fuhr sie unschuldig fort und ohne meine Meinung zu dem Thema abzuwarten, erzählte sie munter weiter: „Schade, dass du schon so früh gegangen bist. Wir haben noch bis elf Uhr weitergequasselt. Iskender hat mich sogar noch ein Stück begleitet. Er ist der totale Gentleman – aber vielleicht gehört sich das in Äthiopien noch so.“

„Und Jan?“, schoss es mir nun doch heraus.

Lisa sah mich amüsiert an. „Wie, und Jan?“

„Na, ist Jan dann auch schon gegangen, um elf, meine ich?“

Lisa verstand meine Irritation gar nicht. „Klar, wir haben Punkt 23 Uhr die Bazille verlassen, wieso fragst du?“

7

Also, nun war ich völlig durcheinander. Jan und ich begegneten uns jetzt ständig. „Rein zufällig“, versteht sich. Beim Müllrunterbringen, wenn ich rausging, wenn ich wiederkam – ja, und das war immerhin manchmal um 6 Uhr morgens. Da kam er dann gerade in Joggingklamotten die Treppen runter. Sportlich war er ja wohl schon immer, aber um 6 Uhr joggen gehen? Ich dachte, Studenten sind Spätaufsteher? Jan scheinbar nicht; jedenfalls seit kurzem nicht mehr. Denn früher – das heißt, noch vor ein paar Wochen – haben wir uns so gut wie nie getroffen. Und jetzt?

Tja, das Merkwürdige war: Mir waren diese Begegnungen gar nicht mehr unangenehm. Im Gegenteil, ich empfand immer ein leichtes Kribbeln, wenn ich ihn sah. Und obwohl wir uns überhaupt nichts Geistreiches erzählten, war der Tag gleich viel besser, wenn ich mit ihm ein kleines Treppenhausschwätzchen gehalten hatte. Zu mehr kam es auch nie bei diesen „zufälligen" Begegnungen. (Ich hatte mich sogar schon dabei ertappt, wie auch ich meine halb volle Mülltüte schnappte und ganz dringend *gerade jetzt* rausbringen musste, als ich oben die Tür gehen hörte – ts, ts, ts! *Pia, du wirst dich doch wohl nicht in diesen Typen verknallt haben?*)

Das war es ja, was mich so verunsicherte. Bis auf das leichte Knistern zwischen uns passierte gar nichts. Wir benahmen uns wie zwei Kumpels. Da war nichts von Mondscheinromantik oder so. Es wäre ja ein Leichtes gewesen, mal bei dem anderen zu klingeln – einfach so – und auf ein Teechen vorbeizuschauen. Aber das taten wir nicht.

Nur am Nikolaustag stand bei mir ein kleiner roter Stiefel vor der Tür – mit Schleckerkram drin. Aber bei Schlüters, der Familie über mir, stand auch einer. Vielleicht war Jan einfach nur nett und ich missverstand das ständig. Und alles konnte auch wirklich nur ein purer Zufall sein. Vielleicht hatte er sich ja wirklich das Joggen zu nachtschlafender Zeit angewöhnt, um den Kreislauf in Gang zu bringen oder so – wer weiß?

Jetzt war er gerade nicht da; über die Weihnachtstage bei seinen Eltern. Ich musste leider arbeiten. Ich konnte mir nicht helfen, aber Jan fehlte mir. Obwohl es bisher nur beim Smalltalk auf dem Flur geblieben war. Was hieß denn *bisher nur*? – Was wollte ich denn eigentlich? Wollte ich ihn überhaupt als Freund? Wir wohnten ja schon in einem Haus – da war es nicht mehr weit, außerdem Miete sparend, gleich in eine Wohnung zu ziehen ... Aber das kam mir alles drei Hutnummern zu groß vor im Moment. Ich fühlte mich irgendwie nicht erwachsen genug für so was. – Außerdem, mitten in den Prüfungen? Das musste wohl nicht sein. Die Vorstellung, dass aus unserem netten Geplänkel richtig Ernst werden könnte, fand ich völlig beängstigend.

Ich hatte sowieso erst einmal einen festen Freund. Kai. Anfang der achten Klasse. Mann, war ich verknallt in den Jungen! Aber dann hatte er irgendwann dieses saublöde Mofa, das ständig kaputt war und das nun mal einfach mehr Aufmerksamkeit und Zuwendung brauchte als ich. Irgendwann hat mir das so gehörig gestunken, dass ich Schluss gemacht habe. Das ist mir nicht mal besonders schwer gefallen damals. Dafür ging das Ganze auch gar nicht tief genug. Kai war eben mein Teenie-Schwarm. Mehr nicht.

Aber Jan ... Das könnte durchaus mehr werden – wenn es erst mal überhaupt was werden würde. Irgendwie spürte ich das. War zwar aufregend und kribbelig, aber es machte mir auch Angst.

Und trotzdem sehnte ich mich oft danach, mal von ihm in die Arme genommen zu werden. War er nur zu schüchtern oder wollte er gar nicht? Oder war er gar schwul?! Schwule Jungs waren meistens besonders nett, fand ich. So nett wie die beste Freundin eben – mit der man *alles* bekakeln kann. In meiner Klasse war so einer. Timo. Echt ein Traum von Nettigkeit, aber leider ... welche Verschwendung – ziemlich schwul, wie sich irgendwann rausstellte. Pure Zeitverschwendung also, sich in so jemanden zu verlieben. Hm ...

Oder brauchte Jan nur etwas Starthilfe? – Ach, was redete ich denn? Ich wusste doch selbst nicht einmal, was ich wollte. Alles völlig ungelegte Eier!

8

Es war nun nicht mehr dem Zufall überlassen, dass wir uns trafen. Es waren Semesterferien, da hatte die Schwimmhalle fast immer auf. Ich ging jetzt also oft schwimmen, denn das Fechten fing erst im Februar wieder an. Und jedes Mal wartete Jan an der Treppe auf mich. Manchmal gingen wir sogar zusammen schwimmen – aber meistens holte er mich einfach nur ab und dann gingen wir zusammen in die Mensa. – Mit den romantischen Rosamunde-Pilcher-Lovestorys, wo die Geigen schon beim ersten Treffen einsetzen, hatte das Ganze allerdings recht wenig zu tun. Aber immerhin: Wir machten Fortschritte.

Ein Glück, dass Lisa davon jetzt nur noch wenig mitbekam. Sie hatte ihre eigenen Leute, mit denen sie was machte. Mit Fechten hatte sie auch aufgehört. Das war's dann wohl erst mal wieder mit unserer Freundschaft. Ich kam mir ein bisschen wie ein Lückenbüßer vor. Wenn Lisa jemanden brauchte, dann war ich gut genug, und wenn sie andere Leute fand, wie jetzt ihre Referatsgruppe, dann war ich wieder abgeschrieben.

Es war vielleicht fies, so zu denken, aber ich kam an diesem Gefühl nicht vorbei. Jan meinte auch, es sei nicht gerade die feine englische Art, aber was soll's? Ich hatte ja Jan. Er war eigentlich ein ganz guter Ersatz für eine „beste Freundin". Ihm erzählte ich auch alles, na ja, *fast*.

Inzwischen wusste ich auch erheblich mehr über Jan. Über seine Geschwister – vor allem seine Lieblingsschwester Helen, die Jüngste der Bande, mit der er wohl total viel Blödsinn gemacht hat. Wenn er davon erzählte, wie sie früher rückwärts auf Kühen geritten waren oder sich heimlich nachts den Wecker stellten, um Nachbars wohl behütete Kirschen zu klauen, um dann doch vom Baum zu fallen und das ganze Haus aufzuwecken . . . dann trat immer dieses schelmische Glitzern in Jans Augen, das so ansteckend war, dass man mitlachen musste.

Was hatten wir uns schon weggelacht, wenn wir uns gegenseitig die größten Schandtaten unserer süßen Jugendzeit eingestanden hatten! Die paar Leutchen in der ferienhalber verwaisten Mensa haben ziemlich befremdet geguckt über unsere lautstarke Ausgelassenheit, aber das konnte mir piepegal sein. Mit Jan war mir einfach nichts zu peinlich. – Ich glaube, so muss es sein, wenn man jemanden richtig liebt. Dass einem nichts zu peinlich ist, meine ich. Und dass man sich alles erzählt – auch wenn man selbst dabei nun nicht gerade im glänzendsten Licht erstrahlt. Alle Peinlichkeiten und Kleinigkeiten ...

Das Einzige, worüber Jan immer sehr wortkarg war, war sein Verhältnis zu seinen Eltern. Nur manchmal machte er seinem Herzen etwas Luft. Ich merkte, er konnte echt nicht so gut mit ihnen. Sie schienen sehr altmodisch zu sein – und das nicht nur bei der Bewirtschaftung des Hofes!

Gerade über Weihnachten hatte Jan sich wohl mal wieder ziemlich heftig mit seinem Vater darüber gezofft. Als er mir davon erzählte, war er immer noch total geladen über die Engstirnigkeit, die sein Papa anscheinend an den Tag legte.

Nun ja, und wenn Jan und seine Eltern sich nicht gerade zofften, hatten sie sich wohl auch nicht viel zu sagen. Jeder lebt so sein Leben. Jan hier in Kiel und die dort bei Husum auf ihrem Hof, in ihrem Dorf und ihrer Kirche. Auf Letztere schienen sie große Stücke zu halten, was sich in zahlreichen (wirklich reichlich merkwürdigen) Verboten den Kindern gegenüber äußerte. Also, wenn Jan so erzählte, was seine Eltern ihm alles verboten haben, weil sie meinten, das sei irgendwie unchristlich ... Du meine Güte! Kein Wunder, dass Jan mit dem ganzen Glaubenskram seiner Eltern nicht besonders viel anfangen konnte. Und sie selbst schienen ja auch nicht allzu glücklich zu sein mit ihrem Korsett aus Ge- und Verboten. Aber sie merkten das nicht mal, sagt Jan.

Was war ich da froh über meine Eltern! Okay, wir haben uns auch schon bis zur Weißglut gezofft – wer tut das nicht mit seinen Eltern. Aber dafür *haben* wir uns immerhin richtig auseinander gesetzt und Sachen ausdiskutiert und ich wurde nicht bei dem kleinsten Widerwort zur Buße in mein Zimmer geschickt!!!

Nee, alles in allem waren meine Eltern schon echt okay. Keine Super-Mustereltern, aber gut. Und nach Hause fuhr ich auch noch richtig gerne – ganz im Gegenteil zu Jan, der darin nur das Abhaken einer leidigen Pflicht sah.

Aber trotz dieser mitunter richtig tief schürfenden Themen war es alles in allem total nett, mit Jan essen zu gehen. Manchmal setzten wir uns dann noch in die Caféteria und schlürften einen Kaffee zusammen. Jan hatte jetzt nämlich jede Menge Zeit. Er hatte einen Job als Fahrer beim Pizza-Service und brauchte erst um 18 Uhr anzutreten. Dafür arbeitete er aber auch oft bis ein Uhr nachts.

Bei all unseren gemeinsamen Treffen hatten wir jedoch eine Tabu-Zone: Unsere Wohnungen. Merkwürdig. – Es war wie ein ungeschriebenes Gesetz zwischen uns. Er geht in seine Bude, ich in meine. Punkt aus. Treffen tun wir uns woanders.

Letztes Wochenende war ich mal wieder zu Hause. Zu Anfang bin ich ja wirklich jede freie Minute nach Rendsburg gefahren. Aber das hatte in letzter Zeit doch stark nachgelassen. Mama jammerte zwar immer ein bisschen, dass sie ihre Tochter kaum noch zu Gesicht bekäme, aber was soll's?! So war nun mal der Lauf der Dinge. Außerdem hatte sie ja auch noch Margit zu Hause. Die blieb ihr ja wenigstens dieses Jahr noch erhalten.

Na ja, Mama tat mir ja auch wirklich ein bisschen Leid. Ich war nun mal die Erste, die Mutters Rockzipfel losließ und mit Margit gab es im Moment auch mehr Zoff als alles andere. Aber sollte ich nur deswegen immer brav bei Fuß bleiben? Früher oder später musste sie sich ja eh dran gewöhnen, dass ihr kleines Piachen vielleicht nicht mehr ganz so klein war, wie sie immer dachte

Und mal abgesehen von Mama und Papa ... Es zog mich sowieso immer weniger nach Rendsburg. Vergangene Schultage waren eben vorbei und meine Freundinnen von früher waren in alle Winde zerstreut. Elke war Hotelkauffrau in Hamburg, Marlies jettete als Flugbegleiterin durch die ganze Welt ... und andere hatten längst feste Freunde. Da kam ich mir immer wie das fünfte Rad am Wagen vor. Zwei Mädels aus meinem Jahrgang waren sogar schon unter der Haube – man stelle sich das vor! Die haben so ziemlich von der Schulbank weg geheiratet! Grausel! Also nee, das ginge mir doch erheblich zu schnell. Ich wollte noch so vieles ausprobieren, bis ich mich auf ‘ne feste Beziehung einließ.

Im Moment standen ja sowieso erst mal die Prüfungen an. Die nächsten Monate würde ich wohl oder übel in der Versenkung verbringen und nur zwischen Schreibtisch, Klinik und Bett pendeln. – Entzückende Aussichten!

Also hatte ich erst mal gar keine Zeit. Weder für Mama noch für sonst irgendwas (oder irgendwen).

9

Und wirklich: Ich büffelte, schlief, aß, ging zur Arbeit, büffelte, schlief . . . Frust!!!

Jan, wo bist du? Ich bräuchte jetzt so dringend jemanden, der mich in den Arm nimmt, mir Mut macht, wenn unsere entzückende Oberschwester mich mal wieder für komplett unqualifiziert und unfähig erklärt . . . Nein, zu netten Mensa-Ausflügen habe ich keine Zeit und auch keine Lust, wenn du den Hilferuf jetzt immer noch nicht gehört hast! Ich brauch dich, Mann!

So ein Sch . . . ! Genau, was ich so fein säuberlich und besonders für die Prüfungsphase vermeiden wollte, hatte ich jetzt: Ich war bis über beide Ohren verliebt. Konnte nicht mehr richtig essen, schlafen, denken, außer an Jan.

Und dabei musste ich gerade jetzt besonders gut schlafen, denken und essen, um fit zu sein für die blöden Prüfungen, und sollte weder tonnenweise Schokolade futtern (gibt nur Verstopfung und Pickel) noch nächtelang mein Kissen nass heulen.

Warum kommst du denn nicht, Jan???

Ich konnte ja wohl schlecht selbst raufgehen und mich ihm an den Hals schmeißen . . . oder? Waren diese zwei Etagen denn so unüberwindbar, dass er nicht gerade jetzt mal runterkommen könnte und . . .

Ich liebe dich nämlich – Blödmann!

10

Jan, wo bist du? (– Und noch mehr Schokolade –)

11

Ich pfiff aus dem letzten Loch . . . noch eine Woche . . . ich war allmählich fast irre vor lauter Büffeln und immer noch kein Wink von Jan, außer das übliche nette Tralala.

Okay – in meinen klareren Momenten dachte ich mir, dass er vielleicht Rücksicht nahm auf meine Prüfungen und sich deshalb gerade jetzt zurückhielt. War ja vielleicht sogar nett gemeint – aber leider genau das Falsche! Ich schwankte zwischen Brast auf ihn und dem totalen Schmachtkrampf. Aber selbst dazu blieb mir oft nicht mal mehr die Kraft. Mann, war ich fertig!

12

Hurra! Ich hatte mein Examen bestanden und durfte mich nun mit Fug und Recht „Krankenschwester" schimpfen. Super, was? Das eröffnete einem doch ganz andere Möglichkeiten. Ich konnte mich jetzt einfach irgendwo bewerben, denn im Juli musste ich hier gehen – so viel stand fest. Aber nach der Büffelei in den letzten Monaten hätte ich auch gegen einen ausgiebigen Urlaub nichts einzuwenden gehabt. Vielleicht würde ich eine Runde durch Deutschland fahren und hier und da Freunde besuchen. Tante Hanna könnte ich auch mal wieder Hallo sagen. Die wohnte bei Frankfurt und war immer meine Lieblingstante gewesen. Onkel Joost, ihr Mann, war ja auch echt nett. Und am allernettesten waren ihre Söhne Klaus und Thorsten.

Klaus war acht Jahre älter als ich, aber Thorsten war immer mein Märchenprinz, als ich klein war. So was ging natürlich nicht – das wäre ja fast Inzest, wenn man mit dem anbändelte. Also habe ich mir die Sache irgendwann abgeschminkt. Aber kolossal nett fand ich Thorsten und Klaus immer noch. Dagegen sprach ja wohl auch nichts.

Und Jan? Ach, das ging immer noch so seinen Gang. Wir trafen uns ab und zu, aber mehr auch nicht. War wohl 'n Flop. Schade eigentlich. Vielleicht hätte ich doch offensiver sein sollen? Aber ich hab mal gehört, dass Männer das ziemlich abschreckend finden, von Frauen einkassiert zu werden.

Also musste ich mich wohl damit abfinden, dass das alles nur Einbildung und ein netter Wunschtraum von mir war. Merkwürdig! Hätte nicht gedacht, dass ich mich so täuschen kann ... ich war mir sooo sicher, dass zwischen uns mehr ist ...

Ich durfte mir darüber jedenfalls jetzt keine grauen Haare wachsen lassen, sondern musste mich auf die Bewerbungen stürzen.

13

Liebe Pia!
Ich freue mich so, dass du dein Examen jetzt endlich geschafft hast. Ich wünschte, ich könnte dasselbe von mir behaupten, aber das dauert ja noch ein paar Jährchen. Zur Feier des Tages würde ich dich gerne zum Essen einladen – nein, nicht zu unserem üblichen spartanischen Mensa-Mampf, sondern eher zu einem netten, hoffentlich weitaus gemütlicheren Tête-à-tête bei mir oben. Ich muss nämlich dringend was mit dir besprechen …

So weit kam Jan noch einigermaßen fließend mit seinem Brief, aber dann setzte er seinen Füller ab, starrte aus dem Fenster auf die über ihm kreisenden Möwen und war wieder mal total sprachlos und frustriert.

Wie sollte er Pia bloß begreiflich machen, dass er sie liebte? Seit Monaten drückte er sich nun schon drum, deutlicher zu werden in seinen Gefühlsäußerungen. Aber das war nun mal absolut nicht seine Stärke.

Wer hatte bloß das Gerücht aufgebracht, Männer seien allzeit bereite Jäger und Sammler, denen es nicht die geringste Mühe machte, ihre Angebetete um den Finger zu wickeln oder gar ins Bett zu zerren?

Sarkastisch lachte Jan bei diesem Gedanken auf. Welch ein Hohn – an so was überhaupt zu denken, wenn er sich selbst beim flüchtigen Berühren ihrer Hand schon unbeholfen vorkam?! Er hasste seine Schüchternheit fast noch mehr, als er das Macho-Gehabe der Jungs früher aus dem Dorf gehasst hatte. Peinlichst hatte er es vermieden, die „Komm rüber, Baby!"-Masche abzuziehen – aber wie sonst konnte man einem Mädel, in das man sich unsterblich verliebt hatte, begreiflich machen, dass sie diejenige war?!? Sch . . .! Im Kino war das alles so klar und easy. Da funkte es meistens ja auch nicht nur einseitig. Aber so sehr er sich auch bemühte, Pia die Message rüberzubringen, so sehr gewann er den Eindruck, ihr sei das Ganze ziemlich schnuppe.

„Vielleicht bin ich ja doch nur ein Ersatz für Lisa – so 'ne Art Seelenmutter für sie . . . oder warum geht sie nie darauf ein, wenn ich mal meinen Arm ‚ganz zufällig' auf ihre Stuhllehne lege?", überlegte Jan frustriert. „Erwartet sie etwa, dass ich vor ihr niederknie und ihr eine Liebeserklärung mache? – Ich denke, die Mädels sind heute alle so emanzipiert und haben eine Phobie gegen dieses Traumprinzgehabe . . . Sie könnte mir ja wenigstens ein bisschen entgegenkommen – oder mache ich grundsätzlich was falsch?"

Ein paar Mal hatte er es sich ja schon ganz konkret vorgenommen, es einfach mal drauf ankommen zu lassen und sie in den Arm zu nehmen und zu küssen. Schwer genug fiel ihm diese dauernde Zurückhaltung allemal. Aber irgendwas war garantiert immer dazwischengekommen. Einmal hatte er gerade einen Anlauf genommen. Alles war perfekt gewesen: Ort, Zeit, Stimmung – sogar ein sehnsüchtiger (?) Blick in Pias Augen . . . und dann trafen sie prompt auf Iskender, der die Situation leider nicht peilte und sich genüsslich die nächste Stunde zu ihnen gesellte. Jan hätte ihn erwürgen können! Oder einmal hatte Pia plötzlich Kopfschmerzen – oder waren die nur ein Vorwand gewesen? Na und in der letzten Zeit war sie ihm gegenüber nur noch gereizt und kurz angebunden gewesen. Nachsichtig hatte er das auf ihre Prüfungen geschoben und sich aus taktischen Gründen erst mal ganz zurückgehalten.

Aber nun war sie durch mit den Prüfungen. Jetzt war seine Chance, die er unbedingt nutzen musste, denn Sonntag würde er schon für zwei Monate nach Hamburg fahren, um sein Praktikum zu machen. Und er würde unmöglich diese Ungewissheit länger ertragen können. Jetzt oder nie hieß also die Devise . . . Aber wie?

Zum 132. Mal etwa zerknüllte er seinen angefangenen Brief und schmiss ihn frustriert in die Ecke. „Wenn ich doch bloß mit jemandem darüber reden könnte . . .“, dachte er. Aber leider fiel ihm partout keiner ein, der ihm mal 'nen kleinen Tipp hätte geben können. Iskender entzückte die weibliche Welt mit seinem umwerfenden Charme und einem gezielten Vorzeigen seiner strahlend weißen Zähne. Dann brauchte er sich eigentlich nur noch zu bücken und die Früchte seiner Betörungen einsammeln (haufenweise Mädels, die vor Entzücken darnieder gesunken waren . . .). Nun ja – leicht übertrieben, aber mal ehrlich: Iskender kannte überhaupt keine Probleme, sich mitzuteilen. Alles kam so locker und natürlich rüber bei ihm und an Bewunderinnen fehlte es nie. Aber Jan? Mit seinem norddeutschen Stockfisch-Charme kam er leider nicht gerade sehr weit. – Und alles andere wäre nur aufgesetzt und passte nicht zu ihm.

Aber wen konnte er sonst mal interviewen, wie man's anstellt? Wieder einmal durchzuckte Jan eine Wut auf seine Eltern. – Hatten sie es nicht letztlich verbockt, dass er so verklemmt den Mädels gegenüber war? Zu Hause wurde doch alles tabuisiert, was nur im Entferntesten mit Sexualität zu tun hatte.

Mit Schrecken erinnerte Jan sich an seinen ersten „feuchten Traum“. Damals war er gerade mal zehn gewesen. Als er morgens aufgewacht war und seinen Schlafanzug ansah, dachte er, er wäre ernsthaft krank. Doch als er sich Hilfe suchend an seine Mama wandte, machte sie ihm auch noch Vorhaltungen, er solle nicht so viel an Mädchen denken, das sei eine schlimme Sünde. Mit diesem Kommentar kam Jan leider auch nicht sehr viel weiter und bezog seine Aufklärung diesbezüglich kurze Zeit später aus der „Bravo“, die er sich von da an heimlich kaufte und zu Hause ganz hinten im Bettkasten versteckt hielt.

Nein, seine Eltern hatten es verstanden, ihm in Bezug auf den Umgang mit Mädchen jegliche Natürlichkeit zu nehmen und seine Unsicherheit nur zu verstärken. Bei dem Gedanken an die gut gemeinten Ratschläge, die er vermutlich von seiner Ma in dieser Situation erhalten würde (vorausgesetzt, es besäße die Hirnverbranntheit, seiner Ma auch nur ein Sterbenswörtchen von Pia zu erzählen), ließen ihm die Nackenhaare zu Berge stehen.

Zum Glück war da wenigstens Helen gewesen. Obwohl sie nur seine „kleine“ Schwester war, konnte er sie damals über alles ausquetschen, was man so wissen musste. Helen war einfach Gold wert, auch heute noch, und so ziemlich die Einzige, die immer zu Jan gestanden hatte.

Aber leider schied Helen in diesem Fall aus, da er die Sache bis zum Wochenende noch über die Bühne bringen musste. Und am Telefon konnte man solche Sachen einfach nicht besprechen. Schade. Also musste Jan ohne Helens Rat versuchen, Pia näher zu kommen, so unbeholfen er sich wahrscheinlich auch anstellen würde.

Also biss er die Zähne zusammen und machte sich auf den Weg zwei Stockwerke tiefer.

14

Und er kam doch in die Gänge! Allerdings gerade jetzt, wo ich mich mit dem Gedanken trug, bald wegzuziehen. So ein Mist! Ich wusste schon wieder nicht, was ich machen sollte!

Aber ich erzähle wohl besser von Anfang an . . .

Es galt ja immer als ungeschriebenes Gesetz zwischen uns, dass wir einander nicht in unseren Wohnungen besuchen. Doch gestern stand Jan plötzlich vor meiner Tür und fragte mich, ob ich Sonnabend Abend, also heute, Zeit hätte. Das hatte ich – also ging ich vorhin zu ihm rauf. Ich hatte mir ja inzwischen die Sache schon ziemlich abgeschminkt. Deshalb hatte ich das auch gar nicht mehr richtig ernst genommen, mich kein Stück aufgestylt und so. Wir waren eben gute Kumpels, mehr nicht. Ich konnte einfach nicht mehr glauben, dass sich das jetzt ändern sollte . . . Doch als ich dann einfach in Alltagsjeans und meinen ollen Birkenstocklatschen zu ihm raufgestiefelt kam, traf mich fast der Schlag: Kerzenschein, ein erlesen gedeckter Tisch, leise Musik . . .

Also, was in aller Welt sollte das nun bedeuten? Etwas verunsichert schaute ich mich in seinem Zimmer um. Der Junge hatte Stil. Alles war in warmen Farben gehalten: Dunkelrot, senfgelb, dazu ein schwerer Mahagoni-Tisch und verschiedene aber mit dem gleichen Stoff gepolsterte Stühle. An der Wand prangte ein fetter Kitschspiegel im Rokoko-Stil. Sah aber alles sehr gekonnt aus. Mann! Das hätte ich Jan gar nicht zugetraut.

Er bemerkte mein bewunderndes Schweigen, zuckte mit den Schultern und sagte nur: „Alles von SM – dem größten und schönsten Möbelhaus der Welt."

Ich verstand nur „Rembrandt". Also klärte er mich auf: „S für Sperr und M für Müll."

Nun lachten wir beide und das Eis war gebrochen. Wir quatschten wieder wie die guten Freunde, die wir im vergangenen halben Jahr geworden waren. Jan bewirtete mich mit einem fürstlichen Drei-Gänge-Menü: Avocados als Vorspeise, eine köstliche Lasagne als Hauptgericht und Eis mit heißen Himbeeren zum Nachtisch. Kochen konnte er also auch. – Was für Überraschungen schlummerten noch in diesem Jungen?

Diese Frage brauchte ich mir gar nicht lange zu stellen. Beim Nachtisch schon hatte Jan mich immer so angeguckt. Richtig unsicher machte mich das. Und nach dem Essen wusste ich irgendwie nicht mehr wohin mit meinen Händen. Aber auch dieses Problem meisterte Jan ganz spielend, indem er einfach über den Tisch griff und seine Hände auf meine legte.

Ich war wie in Trance. So selbstverständlich, wie wir Freunde geworden waren, so selbstverständlich ergriff er nun Besitz von mir. Ich war wirklich ganz benommen. War das derselbe Jan, den ich immer für schüchtern gehalten hatte? Er streichelte meine Hände, arbeitete sich Stück für Stück weiter nach oben – mir drehte sich alles.

„Am Montag beginnt mein Praktikum in der Nähe von Hamburg", sagte er schließlich und schaute mir immer noch in die

Augen. Ich sagte nichts, sah auch nicht weg. Dies war wie eine Mischung aus Zucker und Sand. Lecker – ohne Zweifel –, aber ich wusste nicht, ob nicht am Schluss doch nur das Knirschen zwischen den Zähnen übrig bleiben würde.

Jan nahm mein Schweigen als Einladung. Er stand auf, kam zu mir rüber und da hatte er mich auch schon im Arm. Seine Küsse waren zart und gefühlvoll. Sie durchzogen mich wie Wogen auf stürmischer See. Ich konnte nicht denken, ließ mich einfach treiben, ohne zu wissen, wohin mich das führen würde.

„*Like ai-haaa bridge over troubled water*", drang es aus einer anderen Welt an mein Ohr. Nur, waren seine Arme die Brücke, der starke Halt, nach dem ich mich so oft sehnte – oder war dies eher das „aufgewühlte Wasser" aus dem Song?

Ich wollte mich so gerne dem Moment hingeben. Wie lange hatte ich diesen Augenblick herbeigesehnt! In dem Stress der letzten Monate hatte ich mir oft gewünscht: „*Ach, wenn doch zwischen Jan und mir mehr wäre. Wenn ich jetzt einfach nach oben gehen könnte und mich bei ihm ankuscheln, abschalten, spüren, dass ich geliebt werde und Liebe schenken kann – ja, mich selbst verschenken könnte . . .*"

Nun war er da, dieser Augenblick: Jan wollte doch mehr von mir als Freundschaft – ja, er begehrte mich, das spürte ich allzu deutlich an seinen immer drängender werdenden Küssen. Er war dabei keineswegs grob, aber bestimmt. Doch irgendetwas hielt mich zurück.

Nun kam auch Jan wieder zu sich. Er schaute mir lange in die Augen und sagte dann: „Morgen fahre ich los. Wir werden uns zwei Monate nicht sehen." Und nach einer Pause, in der er mit seinen Augen mein Gesicht durchforschte und gleichzeitig liebkoste: „Ich werde dich sehr vermissen, Pia!"

Da spürte ich, wie meine Wange eine ungebetene Träne hinunterrann – dann noch eine und noch eine. Eher aus Verwirrung als aus Abschiedsschmerz, aber das konnte Jan natürlich nicht ahnen. Ich drückte mich schnell an ihn, um sie zu verbergen – aber er hatte sie längst gesehen. Jetzt streichelte er mir sacht den Rücken, so wie man ein Kind tröstet, das sich wehgetan hat.

Es passierte ja nicht oft, dass ich sprachlos war, aber das war einfach zu viel für mich. Und zu schnell. Irgendeine Stimme in mir sagte mir, ich sei blöd, diese Chance nicht zu nutzen, aber ich konnte nicht. Ich stand nur da, in seinen Armen, drückte mich ganz fest an ihn, aber das war's dann auch.

Irgendwann bin ich dann gegangen. In mir tobte es. Ein Teil von mir war immer noch oben bei Jan. Der Rest lag hier auf meinem Bett, starrte an die Decke und war total verwirrt. Es ging jetzt plötzlich alles so schnell. Von null auf hundert. Ich hätte auf Wolken schweben müssen – das hatte ich mir doch immer gewünscht . . . stattdessen war ich nur eines: total durcheinander.

15

Heute war Jan also abgefahren. Er hatte mir seine Adresse dagelassen und gesagt: „Ich schreib dir." Abschiedskuss, Tschüss. Das war's. Und ich? Ich saß hier und hatte mich krankgemeldet, weil ich solche Kopfschmerzen hatte. Gestern Abend kam mir schon vor wie ein Traum – wie ein Märchen aus einer anderen Welt.

Vor zwei Tagen noch hatte ich Pläne geschmiedet, wohin ich denn mal gehen könnte – arbeitstechnisch, meine ich. München stand zur näheren Auswahl und Frankfurt. Hier in Kiel hatte ich es gar nicht erst probiert. Ich wollte ja weg von hier – jedenfalls vorgestern noch.

Aber sollte man sich alle Pläne von den Vorkommnissen eines Abends durchkreuzen lassen? In meine rosarote Jan-Brille mischte sich heute – wo sich mein Hormonspiegel wieder einigermaßen eingependelt hat – auch ein bisschen Wut.

Warum hatte er das nicht schon eher getan? Musste er bis zu seiner Abreise warten? Und jetzt saß ich hier und schob Frust.

Was ich nicht weiß, macht mich nicht heiß ... aber leider wusste ich jetzt, wie seine Küsse schmecken – habe seine Zärtlichkeit genossen ... ihn nur allzu deutlich gespürt. Aus, das unbeschwerte Leben! – Zwei Monate schmachten lagen vor mir ... Wenn ich mich drauf einließ.

Und da durchzuckte mich plötzlich eine kühne Idee: *Morgen kaufe ich mir ein Ticket und düse zu Tante Hanna. Dort stelle ich mich persönlich in diesem ... – wie hatte die Arbeitsamtstante doch gleich gesagt? – Holzhausen-Krankenhaus, glaub ich, vor und lasse es drauf ankommen. Wenn es klappt mit der Stelle ... nun, dann kann ich mich wenigstens entscheiden, zwischen der Stelle und Jan.*

Wieder schossen mir die Tränen in die Augen. Ich würde ihm wohl sehr wehtun müssen – und mir erst! Hätte er doch früher was gesagt!

16

Ich habe es tatsächlich getan!

Gleich am nächsten Morgen war ich nach Frankfurt gefahren und um 17 Uhr war schon das Vorstellungsgespräch. Ziemlich verdattert war ich, als meine zukünftige Chefin sich als Diakonisse entpuppte – so richtig in Pinguintracht! Aber nett war sie und sehr wohlwollend. Meine Papiere hat sich Schwester Elisabeth kaum angeguckt, sondern mir eher ganz persönliche Fragen gestellt. Nach meinen Eltern, meiner Schwester, was mich bewogen hätte, Krankenschwester zu werden, und so weiter.

Auf so was war ich gar nicht eingestellt – eher auf eine Art zweite Theorieprüfung. Zuerst war ich also voll verdattert, aber dann erzählte ich ihr einfach ganz locker, was sie wissen wollte.

Nach einer halben Stunde stand Schwester Elisabeth auf,

schüttelte mir die Hand und meinte: „Wenn Sie wollen, können Sie am 15. August hier anfangen."

Bam! Das gab mir genau 13 Tage, die Sache zu entscheiden.

Tante Hanna war gleich Feuer und Flamme. „Natürlich wohnst du dann erst mal bei uns und suchst dir in aller Ruhe ein Zimmer", war ihr sofortiger Kommentar. „Mit der S-Bahn sind es knapp 20 Minuten in die Innenstadt. Und die S-Bahn ist sicher, auch nachts oder frühmorgens. Da brauchst du keine Angst zu haben. Von Bad Vilbel pendeln fast alle. Wir werden dir Klaus' Zimmer fertig machen – der kommt sowieso höchstens in den Semesterferien mal vorbei. Alles voll möbliert und bezugsfertig. Du brauchst nur noch deine Sachen herzuschaffen – und, ach ja, was machen wir denn so schnell mit deiner Wohnung in Kiel?"

An dieser Stelle musste Tante Hanna Luft holen und so hakte ich schnell ein, bevor sie weiter planen konnte: „Ja, aber ich weiß doch nicht mal, ob ich die Stelle überhaupt annehme ... Es kommt alles so plötzlich und, ..."

Weiter kam ich nicht, denn mit Hanna gingen jetzt die Glucke, die Gastgeberin und die Organisatorin gleichzeitig durch: „Natürlich musst du die Stelle annehmen! Das Holzhausen-Krankenhaus hat einen sehr guten Ruf. So was macht sich prima im Lebenslauf, weißt du. So eine Stelle bekommt man nicht alle Tage geboten. Es wäre eine Dummheit, wenn du ..." Dann muss sie wohl doch meinen etwas verdatterten Gesichtsausdruck gesehen haben, denn sie hielt plötzlich inne. „Aber natürlich ist das deine Entscheidung. Schlaf erst mal eine Nacht über die Sache. Morgen siehst du bestimmt klarer. – Ich will dich natürlich nicht bedrängen, aber von unserer Seite steht der Sache nichts im Wege. Hier bist du immer herzlich willkommen – auch für längere Zeit."

Mit diesen Worten umarmte sie mich kurz, ging in die Küche und ließ mich also endlich in „mein" Zimmer gehen. Ich schmiss mich aufs Bett und versuchte erst mal einen klaren Gedanken zu fassen. Es war einfach alles zu viel für meine arme gebeutelte Seele. Nie hätte ich gedacht, dass hier alles so schnell und so glatt gehen würde. Im Stillen hatte ich gehofft, dass sich hier alles gegen mich stellen würde und ich somit gezwungen wäre, wieder nach Kiel zu gehen. In München hätte ich es dann gar nicht mehr versucht, sondern es als Wink des Schicksals genommen und mich in die Beziehung mit Jan gestürzt.

Und nun? Tja, nun lag alles wieder an meiner Entscheidung – wie ich das hasste! Konnte man mir die Qual der Wahl nicht abnehmen? Wenn die Stelle wenigstens total ätzend gewesen wäre – garstige Oberschwester, ätzende Räumlichkeiten, keine Aussicht auf ein Zimmer ... Aber so war es leider nicht. Alles sah so gepflegt, ja fast liebevoll angelegt aus – so ein Krankenhaus habe ich noch nie gesehen. Schöne alte Bausubstanz, aber drinnen alles total modern. Und dann erst Schwester Elisabeth! Sie machte so einen herzlichen Eindruck ... Ich glaube, die würde einem nie so hinterherspionieren wie der Drache von Oberschwester, den ich im letzten Jahr ertragen musste. Alles war so verheißungsvoll! Und dann das Flair der Großstadt – es wurde höchste Zeit, dass ich mal meine „Mädchen-vom-Lande-Allüren" verlor.

Sollte ich mir das alles entgehen lassen, nur weil so ein Kerl beschlossen hatte, mir im letzten Moment noch den Kopf zu verdrehen?

Nein! Mein Entschluss stand fest: Ich würde die Stelle annehmen. Ein kleiner Abschiedsbrief an Jan – kurz und schmerzlos, wie beim Pflasterabreißen –, und weg war ich. Gleich morgen würde ich zurückfahren, meine Habseligkeiten packen und meine Wohnung ... Ach du Schreck! Das nächste Problem: Was sollte ich so schnell mit meinen Möbeln machen? Aber es gab ja zum Glück noch die allgemeine Wohnungsnot gerade zu Semesterbeginn. Zu irgendwas musste die ja auch einmal gut sein, tröstete ich mich und musste sogar ein bisschen lächeln.

17

„Abendbrot ist fertig!"

Tante Hannas Stimme schrillte durch die ganze Wohnung. Komisch, so dominant fand ich sie früher gar nicht – aber als Kind erlebt man ja manches anders, als es in Wirklichkeit ist. Jetzt, wo Klaus und Thorsten aus dem Haus waren, strotzte das Tantchen nur so von unausgelebter Mütterlichkeit, die sich nun wie klebrige Soße über mich ergoss. Aber egal – ich muss ja nicht lange bleiben. Ich mache mich sofort auf die Suche nach einer Wohnung in der Innenstadt, sobald ich wieder hier bin. Tante Hanna und Onkel Joost können ja auch schon mal die Anzeigen wälzen oder vielleicht schon mal für mich eine Annonce aufgeben.

Das Abendbrot war köstlich – und ich merkte erst jetzt, was für einen Bärenhunger ich nach diesem ereignisreichen Tag hatte.

Nach einer Weile fragte Onkel Joost ganz unverbindlich: „Und, Pia, werden wir dies hier bald öfter erleben?", und zeigte dabei mit einer vielsagenden Handbewegung auf die Tischrunde.

„Ich denke ja", meinte ich so beiläufig wie möglich, was Onkel Joost nickend und lächelnd zur Kenntnis nahm.

„Dann man zu – herzlich willkommen, Mädchen", war sein Kommentar und dann widmete er sich wieder seinem dampfenden Klößchenschmaus.

Tante Hanna leimte sich ein Strahlen aufs Gesicht, das sie den ganzen Abend nicht mehr los wurde, aber sie verkniff es sich immerhin, mir um den Hals zu fallen. So viel Mütterlichkeit war ich gar nicht mehr gewohnt. Die drei Jahre alleine wohnen trugen wohl doch ihre Früchte an Selbstständigkeit. Aber immerhin war ich hier wirklich willkommen. Das war ja auch was wert. Es konnte doch alles ganz nett werden insgesamt. Spannend würde es auf jeden Fall!

18

„Ja, Marianne, wusstest du denn gar nicht, dass Pia bei uns ist? ... Das ist mir ja eine! Ja, ja, sie hat eine Stelle im Holzhausen-Krankenhaus – eine ganz gute Adresse, muss ich sagen ...“

Nun machte Hanna eine Pause. Mama schickte wohl nun ihrerseits einen Redeschwall durch den Draht.

Ich hatte Mama und Papa absichtlich nichts von meiner Fahrt nach Frankfurt erzählt – und natürlich hatte ich auch noch vor niemandem den Namen „Jan“ erwähnt. Hoffentlich ist Mama jetzt nicht sauer auf mich. Morgen wollte ich sowieso gleich nach Rendsburg fahren und Mama und Papa von meinen Frankfurter Plänen erzählen. Kann ich denn ahnen, dass Tante Hanna gleich alles ausposaunt?

Ich war richtig sauer auf sie! Hätte ich die Sache doch bloß nicht so voreilig entschieden! Statt mir ein schönes Leben mit dem Mann zu machen, der mich liebt, stürze ich mich hier in Probleme. Und bevor Tante Hanna noch den Hörer auflegte, brach sich die Anspannung der vergangenen drei Tage in einer Flut von Tränen Bahn, die mein Kopfkissen zum Schwimmen brachte.

Ach Jan – was habe ich mir da bloß eingebrockt?

19

Die Sache mit meiner Wohnung bereitete weniger Schwierigkeiten als befürchtet. Mein erster Gang in Kiel galt der Mitwohnzentrale, die mir auch prompt Michaela vermittelte.

Michaela war 28 und stand kurz vor ihrem Jura-Examen und in dieser Situation – hält man es für möglich? – hatte ihr Freund sie vor die Tür gesetzt. (Vielleicht waren Beziehungskisten auch nicht gerade das Gelbe vom Ei? Hatte keine Zeit, jetzt darüber nachzudenken.)

Michaela war also gestern hier und super-ober-glücklich, so schnell zu einer recht passabel möblierten Wohnung zu kommen. Wir einigten uns vorerst auf ein halbes Jahr. Es konnte aber auch ein Semester länger dauern mit ihrem Examen, sagte sie gleich. Sie machte einen total netten Eindruck, so dass ich kein Problem damit hatte, ihr meine paar Möbel zu überlassen. Ein Bett, zwei Stühle, ein Tisch, eine Kommode, das war's auch schon – mehr hatte ich sowieso nicht. Ach ja, den Teppich noch. Den hatte ich zum 20. Geburtstag bekommen und hütete ihn wie meinen Augapfel. Den würde ich also sicherheitshalber bei meinen Eltern deponieren.

Sogar der Makler spielte mit. Er war ohne Extra-Kaution einverstanden, dass die Miete im nächsten halben Jahr direkt von Michaela überwiesen wurde. So war ich also auch finanziell aus dem Schneider. Ich blieb Hauptmieterin und konnte dann in einem halben Jahr oder Jahr immer noch überlegen, was aus der Wohnung werden sollte. Wer weiß, vielleicht wurde Frankfurt ja auch der totale Flop oder sie schmissen mich schon in der Probezeit raus. Da war es doch ein beruhigendes Gefühl, sich so ein Hintertürchen offen zu lassen.

Gepackt hatte ich meine Siebensachen auch gestern schon und nun saß ich hier und grübelte über einen Brief an Jan nach. Drei zerknüllte Briefbögen lagen schon auf dem Boden. Mein letzter Versuch befriedigte mich auch nicht:

Lieber Jan!
Ich habe überraschend eine Stelle in Frankfurt bekommen. Nimm es mir nicht krumm, aber . . .

Ja, so weit war ich, bis ich erneut ins Stocken kam: aber . . . aber was? *„Vergiss es, Junge!“* – *„Mir ist meine Selbstständigkeit, mei-*

ne Karriere wichtiger als du“ – „Ich liebe dich gar nicht – nicht wirklich – jedenfalls nicht so, wie du mich anscheinend liebst“?

Stimmte das denn? Seit ich vor drei Tagen die Fahrkarte gelöst hatte, hatte ich meine Gefühle für Jan schön ins Hinterkämmerchen meines Herzens eingesperrt. Die letzten Tage hatte ich auch so viel zu organisieren gehabt, dass ich für eine derartige Herzensschau gar keine Zeit hatte. Doch nun? Nun saß ich da und zerknüllte das vierte Blatt Briefpapier.

Ja, ich mochte Jan. Ob ich ihn liebte? Hm – was heißt schon „lieben“? Michaelas Freund hatte ihr bestimmt auch vor kurzem noch seine Liebe beteuert und sie dann kurzerhand auf die Straße gesetzt. Wollte ich überhaupt, dass Jan wusste, wo ich war? War es nicht das Einfachste für alle Beteiligten, wenn ich einfach auf Nimmerwiedersehen verschwand? Auf eine Wochenend-Beziehung zwischen Frankfurt und Kiel hatte ich nämlich absolut keinen Bock. Einmal im Monat oder zweimal sehen und den Rest der Zeit vor Schmacht fast kirre werden? Nein, danke! Außerdem wollte ich ja mal ganz neu anfangen, mich durchbeißen, alle Brücken abbrechen . . .

Ich kam mir kalt wie eine Hundeschnauze vor, als ich schließlich schrieb:

Lieber Jan!
Es tut mir Leid, dir das schreiben zu müssen, aber
ich muss erst mal lernen, auf eigenen Beinen zu stehen.
Nimm es mir nicht übel, aber es geht nicht –
das mit uns beiden, meine ich.
Ich mag dich sehr, aber es gibt noch zu viele Fragen,
die ich erst einmal für mich alleine klären muss.
Versuch bitte nicht, mich zu erreichen.
Alles Liebe,
Pia

In den Umschlag damit und sofort ab in seinen Briefschlitz, bevor ich mir die Sache doch wieder anders überlegte. Jan würde in knapp zwei Monaten nach Hause kommen und die Notiz vorfinden. Bis dahin hatte er sich bestimmt sowieso schon seinen Teil gedacht, da ich ihm nicht schreiben würde. – Apropos schreiben: Zielstrebig ging ich zurück in meine Wohnung, schnappte mir seine Praktikumsadresse, zerriss sie zu Konfetti und spülte sie im Klo runter.

„Nur für den Fall, dass ich morgen rückfällig werde ...“, rechtfertigte ich diese rabiate Tat vor mir selbst.

Nun lag ich hier – die letzte Nacht in diesem Bett, einem Rudiment aus meinem Jugendzimmer – und fühlte mich zu meinem großen Erstaunen vor allem erleichtert!

20

„Nein!!!“

Jan musste sich erst mal hinsetzen. Seit vier Wochen hatte er nichts von Pia gehört. Auch telefonisch konnte er sie nicht erreichen. Zuerst hatte er sie bei ihren Eltern vermutet, deren Adresse er dummerweise nicht besaß, aber seit einer Woche machte er sich ernsthaft Sorgen. Um Pia und um ihre Beziehung. Aber sein Praktikum beanspruchte ihn 14 Stunden am Tag und das sieben Tage die Woche. So war das eben in der Ernte. Immerhin brachte es auch ordentlich Knete. Doch jetzt war der Roggen drin und der Hafer würde noch ein wenig stehen – das gab ihm ein paar Tage frei.

Der erste Zug nach Kiel war also seiner gewesen. In der Beseler Allee 30 angekommen, stürmte er sofort die Treppe runter und klopfte an Pias Tür. Sie war nicht da. „Hm – schade – sie wird wohl bei der Arbeit sein“, sprach Jan sich Mut zu. „Vielleicht hat sie auch meine Praktikumsadresse verloren und sich deshalb nicht gemeldet!“

Sein nächster Gang galt also seinem überquellenden Briefkasten. „Mann, ich hätte doch Pia den Schlüssel dalassen können!", rügte Jan seine Unkoordiniertheit. „Aber das mit dem Praktikum habe ich ja erst auf den letzten Drücker erfahren und den Rest meiner Sinne habe ich dann wohl an *unserem* Abend verloren . . . Da sind solche Nebensächlichkeiten wie Briefkastenschlüssel oder Blumen gießen (wie mochten wohl erst seine armen Palmen aussehen?) eben ganz untergegangen", rekapitulierte Jan die Situation. Er zuckte mit den Schultern und fing den Postschwall auf, der sich beim Aufschließen des Briefkastens sofort über ihn ergoss.

Rechnungen, Reklame, Blabla – oh, von Jens –, eine Postkarte aus Gran Canaria . . . – Werbung . . . da: Ein Brief ohne Marke und nur mit „Jan" beschriftet. Er schnappte sich seinen Rucksack und den Postwust und rannte nach oben.

„Dachte ich mir's doch . . . sie hat garantiert das Schnipselchen mit meiner Praktikumsadresse verloren!", überlegte er, während er seine Taschen nach seinem Schlüssel durchsuchte. Dabei rutschte ihm der ganze Packen aus der Hand und blieb einfach vor seiner Wohnung liegen, denn sobald Jan die Tür aufgeschlossen hatte, riss er den Umschlag auf. Nun saß er da, benommen und fassungslos, und las wieder und wieder diese Zeilen.

Mit anwachsender Panik rannte er schließlich wieder hinunter zur Haustür.

„Nein!", schrie er nun wieder – egal was die Oma mit dem Pudel, die er nur im Nebel wahrnahm, von ihm denken sollte. Statt Pias Namen stand in sauberen kalten Computerbuchstaben „Michaela Sauer" neben ihrem Klingelknopf. Ihm war übel – das war wie ein Schlag in die Magengrube, wie ein unverhoffter Fausthieb mitten ins Gesicht. Er taumelte die Stufen hinunter und rannte benommen aus dem Haus.

Die ganze Situation war wie ein Alptraum, den er bereits geträumt hatte und der ihn nun erneut hämisch anlachte. Es war wie damals: Sie war 13 und Jans erste große Liebe. Ilka wohnte in der Nachbarschaft und er hatte sie schon als kleiner Junge immer vor ihren großen Brüdern beschützt. Dann irgendwann, als er 14 und sie zwölf war, bemerkte er ihr leichtes Erröten, wenn er ihr begegnete. Im Schulbus setzte er sich von da an oft neben sie und es durchfuhr ihn stets wie ein heißer Schauer, wenn sich – von den anderen unbemerkt – ihre Hände heimlich trafen. Sie liebten sich gegenseitig tief und rein. Ohne Worte, ohne Fragen – einfach so. Es war klar, dass Jan sie bald offiziell fragen wollte, ob sie mit ihm gehen wolle, aber bislang fehlte ihm der Mut und die Fahrten im Schulbus blieben einzelne Inseln der Glückseligkeit für beide.

Im Sommer darauf traf er sie dann zufällig in dem kleinen Wäldchen hinter dem Hof seiner Eltern. Eigentlich war es das erste Mal, dass Jan sie alleine traf. Keine neugierigen Blicke der Mitschüler oder Hänseleien ihrer großen Brüder. Nur Ilka und Jan.

Sie hatte ihre Socken ausgezogen und ließ ihre Füße in den kleinen Bach baumeln, als Jan sich neben sie setzte. Irgendwann lagen sie nebeneinander im Gras und tauschten die ersten zaghaften Küsse aus, als sie durch lautes Bollern und Fluchen aufgeschreckt wurden.

Jans Vater, der eigentlich sonst nie in das Wäldchen ging, stand auf einmal drohend über ihnen, riss sie grob auseinander, schickte Ilka postwendend nach Hause, um seinem „verlorenen Sohn" noch vor ihren Augen eine gewaltige Abreibung zu verpassen. Jan hätte ihn umbringen können! Diese Demütigung, und zudem war alles total harmlos. Sein Vater hatte die Situation absolut überbewertet.

Jan kochte: „Was denkt er sich denn? Soll ich etwa wie in den Tagen der Bibel Frauen bis zur Hochzeit nur aus der Ferne betrachten? Ich bin 15 und kein kleiner Junge mehr! Die Zeiten haben sich gehörig geändert!"

Wie Jan seinen Vater und seine überalterten Moralvorstellungen verachtete!

Ohne ein Wort und ohne seinen Vater eines Blickes zu würdigen, ging er auf sein Zimmer. Als dann nach kurzer Zeit auch noch seine Mutter hereinkam, um ihn für seine „ Sünde" anzuklagen, war es mit seiner Beherrschung vorbei.

„Ihr könnt mich alle mal!", war das Einzige, was er hervorbrachte, bevor er aus dem Zimmer stürmte, um nicht noch handgreiflich zu werden, so kochte es in ihm.

Der Krach mit seinen Eltern, die ihn von da an wirklich wie den letzten Sünder behandelten und mit ihrem Argwohn verfolgten, wohin er auch ging, war schlimm genug. Aber das Schlimmste war, dass zwischen Ilka und ihm nun alles aus war, kaum dass es richtig angefangen hatte. Und das war etwas, was er seinen Eltern nie verzeihen würde! Wie konnten sie es wagen, sich da einzumischen! Es hatte kaum richtig begonnen – und nun war alles kaputt!

Das gleiche Schema damals wie heute!

21

Ohne ihn bewusst angesteuert zu haben, kam Jan in den alten botanischen Garten und stieg auf den Laubenturm. Er liebte diesen Ort. Von hier aus konnte man auf die Förde schauen und auf das Uni-Klinikum.

Wie oft hatte er in den letzten Monaten hier oben gestanden und geträumt. In seinen Träumen hatte er Pia längst gefragt und sie hatte ihn gewollt. Aber in der Wirklichkeit hatte er Angst gehabt, sie zu fragen – ob das immer noch die Angst von damals war, plötzlich „erwischt“ zu werden, und dann ist alles aus? Er konnte es nicht sagen.

Jedenfalls war Jan seit Ilka nie wieder einem Mädchen, das er mochte, so unbefangen gegenübergetreten. Und all das hatten seine Eltern verbockt.

Diese Angst hatte ihn so lange davon abgehalten, Pia näher zu kommen, doch Pias liebe, freundliche Art hatte seine inneren Blockaden zum Schmelzen gebracht. Seit Ilka war Pia wirklich das erste Mädchen, das er liebte. Okay, er hatte sich schon auch für andere interessiert, hatte sich auch ein-, zweimal auf eine wilde Fetenknutscherei eingelassen, aber eigentlich nur, um sich zu beweisen, dass er noch „ganz normal“ war. Eigentlich hatte ihm seit Ilka keine so richtig was bedeutet.

Pia war anders. Pia raubte ihm fast den Verstand. Er liebte alles an ihr: Ihren Gang, die Art, wie sie den Kopf zurückwarf, wenn sie lachte, die sanften Rundungen ihres Körpers und dann ihre kindlich-unbekümmerte Art . . .! Pia war in Jans Augen fast zu „heilig“, um sie zu berühren. Und doch: Wenn man es einmal getan hatte, so wie er an ihrem letzten Abend, konnte man an nichts anderes mehr denken.

Er wollte dieses Mädchen mit jeder Faser seines Seins . . . wollte sie halten, sie beschützen, mit ihr zusammen lachen und sie in ihren Tränen halten können . . . Er liebte Pia mit einer Wucht, die ihn selbst erschreckte.

Nun machte er sich Vorwürfe, dass er ihr diese Gefühle erst gezeigt hatte, als er schon auf dem Sprung ins Praktikum war. Warum hatte er es bloß nicht früher getan? Vielleicht wäre dann jetzt alles anders.

Er erinnerte sich an den Abend in der „Bazille“. Sie war damals früher gegangen. Welch eine Chance, Pia nach Hause zu bringen, sie allein zu sprechen . . . Aber er hatte sich nicht getraut. Später war er die halbe Nacht hier oben auf „seinem“ Turm gewesen, hatte aufs Wasser gestarrt und sich Vorwürfe gemacht.

Und dann die Male, wo sie zusammen gegessen hatten. Mitten am Tag zwar, also unverfänglich, aber da hatte sie ihn manchmal so erwartungsvoll angesehen . . . er hatte sich gesagt, das wäre alles nur Einbildung. Und wenn er dann mal all seinen Mut zusammengenommen hatte, kam ja immer was dazwischen.

Bis auf den letzten Abend. Pia war zwar etwas überrascht gewesen – aber sie hatte ihn gewähren lassen. Ja, sie hatte sich förmlich in ihn hineinfallen lassen. Und dann ihre Tränen, als er ihr sagte, dass sie sich zwei Monate nicht sehen würden . . . War das alles denn nichts gewesen? Und nun war sie weg – ohne Adresse, ohne die kleinste Spur. Ja, es war wie damals. Selbst der blaue Himmel schien ihn wieder in seinen Gefühlen zu verhöhnen.

„Warum, Gott?!"

Dies war sein erstes „Gebet" seit dem Tag, an dem er beschlossen hatte, dass es keinen guten, allmächtigen Gott geben konnte, sondern wenn überhaupt, dann nur den großen Spielverderber da oben. Und dass er den Glauben seiner Eltern niemals würde teilen können und wollen.

Jan hatte mit der Zeit einen regelrechten Hass auf die Kirche entwickelt, und je mehr er darauf achtete, desto mehr gute Gründe für diese Abneigung bekam er geliefert: In welcher Organisation gab es wohl so viel Heuchelei und Unehrlichkeit wie in der Kirche? Noch am Frühstückstisch zum Beispiel stritten sich seine Eltern – verbreiteten ätzende Thermik, um dann aber rechtzeitig und mit aufgeleimtem Sonntagslächeln in den Gottesdienst zu kommen. Sobald sie diesem den Rücken gekehrt hatten, tratschten sie auch schon wieder über das unmöglich kurze Kleid der Frau X oder die theologisch fragwürdigen Ansichten des Herrn Y.

Ja, seine Eltern wussten immer ganz genau, was sich schickt und was nun wirklich sehr verwerflich und sündig ist. Sehr genau wussten sie auch über die Untaten anderer Leute Bescheid – wie gut, dass sie dagegen ja ach so „heilig" waren. Jan verachtete das fromme Getue seiner Eltern und älteren Geschwister, die das alles ohne nachzudenken mitmachten und dazu noch blöde Sprüche schwangen. Wie vor drei Jahren zum Beispiel, als er ihnen mitteilte, dass er zur Bundeswehr gehen wolle.

Frank, sein ältester Bruder, hatte ihn fassungslos angestarrt: „Ja, würdest du wirklich töten, Jan?" Als ob alle, die nicht den Wehrdienst verweigern, die hinterletzten Mörder wären! Das war ein Grund gewesen, weshalb Jan die Zähne zusammenbiss und die ätzende Zeit beim Bund ohne eine einzige Klage zu Hause überstand.

Er hatte sowieso mit der Zeit gelernt, seine wahren Gefühle gut zu verbergen. Zu Hause verstand ihn ja doch keiner. Außer

Helen – seiner jüngsten Schwester. Helen gab sich auch nicht fromm. Und wenn sie doch irgendwo an Gott glaubte, dann wenigstens nicht so heuchlerisch und aufgesetzt wie der Rest der Bagage . . .!

Und was fing er jetzt an? Mit einem sarkastischen Lächeln auf den Lippen verließ Jan seinen Turm. Ein glasklarer Gedanke formte sich plötzlich in ihm: „Ich werde sie finden, hörst du? Und wenn du dir noch so große Mühe gibst, mir mein Leben zu vermiesen. – Ich werde sie finden!“

22

„Mensch, Pia, du hättest wirklich Kinderkrankenschwester werden sollen. Der kleine Philipp liebt dich ja fast abgöttisch! Keinen von uns lässt er an sich ran. Er fragt immer nur nach der ‚Bia‘.“

Ja, Schwester Ursel hatte Recht – und sie war nicht die Erste, die das feststellte. Wenn sich mal ein Kind auf unsere Station verirrte, war da gleich ein ganz besonderer Draht zwischen uns. Na gut, ich liebte Kinder – aber das tut doch fast jeder, oder? Und was Besonderes stellte ich mit denen auch gar nicht an – außer dass sich bei mir vielleicht mal kurzerhand der Waschlappen in einen quakenden Frosch verwandelte, der dem Kind unbedingt einen Kuss geben wollte. – Wer weiß, vielleicht ist er ja doch einer dieser verzauberten Prinzen? Und die Breilöffel verwandelten sich auf wundersame Weise manchmal in kleine Bagger, die einen See ausheben mussten oder gerade auf Schatzsuche waren. Manchmal wurden es auch plötzlich Flugzeuge, die um Landeerlaubnis baten. Es stimmte schon – Kinder lagen mir besonders am Herzen. Sie waren auch die Einzigen, die mich in meinem Beruf aus der Fassung bringen konnten.

Wir sahen täglich so viel Leid und Schmerz und oft genug

starben Patienten, was immer schrecklich war. Aber wenn ein Kind den Kampf gegen den Tod verlor (und das hatte ich in der Unfallchirurgie leider schon zweimal miterlebt), dann brachte mich das fast um. Ich wollte dann laut schreien, weinen und weglaufen zugleich.

Ansonsten mochte ich allerdings meinen Beruf echt. Auch wenn ich nicht Kinderkrankenschwester war, sondern nur „normale" Krankenschwester. Es machte mir Spaß, die Leute zu pflegen, zuzusehen, wie es Stück für Stück bergauf ging mit ihnen. Denn das tat es ja zum Glück meistens. Ich hörte mir gerne ihre großen und kleinen Geschichten an – und *was* man da manchmal zu hören kriegte . . .! Und ich gab gerne das „gewisse Extra" dazu, die Kleinigkeiten, die das Leben menschlicher machten. Viele Leute nahmen das als selbstverständlich hin, aber manche waren dankbar wie die kleinen Kinder, wenn man ein Auge für ihre unausgesprochenen Wünsche offen hatte.

Ja, ich liebte meinen Beruf. Rundherum. Aber besonders seit ich hier war. Auf der „Inneren", also meiner Station hier, hatten mich die anderen Schwestern sofort herzlich aufgenommen und Schwester Anna, unsere Oberschwester (auch eine Diakonisse übrigens), war ein richtiger Schatz. So was Liebes! Und dabei wusste sie genau, was sie tat und was sie wollte. Aber sie brachte es einem so nett bei – selbst wenn man mal was verkehrt gemacht hatte –, dass alle automatisch das taten, was von ihnen verlangt wurde.

An der Uniklinik in Kiel hatte ich ja auch ganz gerne gearbeitet – aber das war nichts gegen hier. Hier hatte ich das Gefühl, schon immer dazugehört zu haben . . . dabei war ich erst seit zwei Monaten hier.

Der einzige Haken an der ganzen Sache war Tante Hanna. Die ging mir in der letzten Zeit immer mehr auf den Senkel mit ihrem Gesabbel und ihrer Überfürsorglichkeit! Dagegen war Mama ja Gold – und die hat mich früher schon immer genervt mit ihrer Gluckenhaftigkeit . . .!

Na, es wurde eben höchste Zeit, dass ich irgendwo eine Wohnung fand, aber das war gar nicht so einfach. Wir hatten schon alles versucht: Drei Annoncen aufgegeben, Anschlag an den schwarzen Brettern in der Uni und im Supermarkt, Mund-zu-Mund-Propaganda ... und immer mit demselben Erfolg: Nichts!

Die Sache fing allmählich richtig an, mich zu wurmen. Es musste doch irgendwo in dieser Stadt ein Zimmer oder eine kleine Wohnung bis 900 DM warm geben. (Mehr konnte ich mir bei meinem Gehalt und den Frankfurter Lebenshaltungskosten nämlich nicht leisten.) Morgen würde ich direkt nach dem Spätdienst mal bei der Zeitung vorbeigehen und mir ein druckfrisches Exemplar schnappen, um dann gnadenlos alle potenziellen Vermieter aus den Federn zu klingeln. So muss man's machen, hab ich mir sagen lassen – gutes Benehmen hin oder her.

23

„Zimmer in Frauen 2er–WG frei, Frankfurt City, 480 DM warm. Zuschriften unter Chiffre 69135 an den Verlag."

Das war meine Chance! Die letzten spätabendlichen Zeitungsaktionen waren allesamt Flops gewesen. Immer war ich zu spät dran – und das um zwölf Uhr nachts – man stelle sich das vor! Die Leute müssen direkt vom Zeitungsstand per Handy dort angerufen haben, denn ich bin immer sofort zur Telefonzelle gerannt, sobald ich die Anzeigenseite in der Hand hielt.

Eine Wohnung war gar keine Wohnung, sondern nur ein obszöner Grunzer, der sich wahrscheinlich über so viele weibliche Interessenten freute, denen er was vorgrunzen konnte. Pfui Spinne! Leute gibt's ...! Na ja, aber eine Chiffre-Anzeige ... das war meine Chance. Da hatten alle die gleichen Voraussetzungen, oder? Da musste ich gleich mal hinschreiben ... hm, was schrieb ich denn?

24

„Dies hier ist die Küche – hier geht es zum Bad, hier ist mein Zimmer und hier . . .“ Conni ging mir voraus und öffnete eine weitere Tür, „das hier wäre dein Zimmer – wenn du willst, heißt das!“

Und ob ich wollte. Fast drei Monate bei Tante Hanna, das war mehr, als ich ertragen konnte. Ich glaube, ich hätte jedes feuchte dunkle Loch der Aussicht vorgezogen, einen weiteren Monat bei dem Tantchen zu verbringen. Aber dies hier war kein Loch. Ich fragte mich, warum Conni wohl nicht selbst dieses Zimmer bezogen hatte, denn es war deutlich das schönere von beiden. Die Spätherbstsonne flutete geradewegs durch die hohen Altbaufenster hinein und tauchte das schöne, geräumige Zimmer in goldenes Licht. Ein winziger schmiedeeiserner Balkon gab den Blick auf die – für Frankfurter Verhältnisse – wenig befahrene Nebenstraße und den gepflegten Vorgarten frei. Gegenüber standen hohe alte Bäume, die ihr Laub jetzt schon fast eingebüßt hatten, aber dennoch einen fast feierlichen Anblick boten.

„Ich nehm' das Zimmer – wann kann ich einziehen?“, fragte ich und hoffte, dass Conni es sich nicht anders überlegen würde.

„Wenn du willst, jetzt gleich“, sagte sie, umarmte mich herzlich und meinte mit einem schelmischen Lächeln: „Willkommen zu Hause, Pia.“

Mann, war ich happy!

Zu packen gab es ja nicht viel und so konnte ich wirklich am nächsten Morgen (hatte zum Glück gerade frei) gleich einziehen. Zu Tante Hannas Leidwesen, die sich so an „ihr Mädchen“, wie sie sich ausdrückte, gewöhnt hatte. Nur Onkel Joost war wohl auch ganz froh, sein Reich wieder für sich zu haben, was ich ihm nicht verdenken konnte.

Conni kam erst abends wieder. Sie war Sekretärin bei irgend

so einer großen Firma. Passte gar nicht zu ihr – das typische Sekretärinnen-Schoßhäschen-Image, meine ich. Ich schätzte Conni nämlich eher emanzenmäßig ein, so sah sie jedenfalls aus: Igelkurze Haare, das eine Ohr bis oben hin mit Ohrringen dicht gepflastert – und sogar das obligatorische Augenbrauenpiercing fehlte nicht. Dazu trug sie Lederhosen, hauteng und schwarz, und dick Kajal um die Augen. Komisch, und ich dachte immer, Sekretärinnen müssen mit Kostümchen und Pumps rumlaufen – wie man sich doch täuschen kann . . .! Aber das war ja auch nicht Rendsburg – die brave konservative Kleinstadt im hohen Norden –, sondern Frankfurt. Hier war eben alles möglich. Hier fuhren ja auch die Banker mit Schlips und Kragen auf Rollerblades zur Arbeit! Was war ich doch manchmal kleinkariert – war mir noch nie so aufgefallen wie in dieser vom Leben pulsierenden verrückten, verdrehten Stadt.

Ob sich das wohl noch änderte? Die kleine Spießerwelt – ob die wohl erweiterungsfähig war? Weihnachten würde ich nach Hause fahren. Ob Mama und Papa mich wohl verändert fanden? Ich gab mir jedenfalls alle Mühe, mal ein bisschen erwachsener zu werden und mich nicht von allem Neuen und Ungewohnten in der „großen weiten Welt“ gleich umhauen zu lassen.

25

Heute hatte ich Spätdienst und so konnten Conni und ich uns endlich mal ein bisschen näher kennen lernen. In den zwei Wochen, die ich hier jetzt schon wohnte, hatten wir uns kaum zu Gesicht gekriegt. Mein Dienstplan war auch ziemlich heftig und Conni schien außerdem ein ziemlicher Nachtschwärmer zu sein. Manchmal hatte ich sie um zwei Uhr morgens erst nach Hause kommen gehört – und dabei musste sie doch auch schon um halb neun anfangen. Wie machte sie das bloß? Also, ich würde da nach kurzer Zeit zusammenklappen. Schichtdienst war schlimm genug, aber meine sieben Stunden Schlaf brauchte ich einfach – egal, ob tags oder nachts –, sonst war ich total ungenießbar!

Na ja, aber heute war Samstag und Conni hatte frei. Also hatte sie uns Brötchen gekauft und wir haben so richtig nett und ausgiebig gefrühstückt und gequasselt. Mit Conni konnte man prima schnacken. Trotz ihres Emanzen-Aussehens, das mich zunächst doch relativ eingeschüchtert hat, schien sie voll okay zu sein.

Ich hab ihr dies und das erzählt – von Mama und Papa, von Margit, meiner Schwester, die gerade mit ihrem Freund Stress hatte. Fast hätte ich ihr auch von Jan erzählt, aber dann beschloss ich, damit doch ein bisschen zu warten. Wer weiß, vielleicht fing sie an, mich damit zu nerven, wie Lisa es immer getan hat. Mann, das Ganze schien mir Lichtjahre entfernt zu sein inzwischen. Es war ja auch seitdem viel passiert, so dass ich kaum Zeit gehabt hatte, an Jan zu denken. Und wenn ich es doch tat, dann schob ich die Gedanken immer schnell beiseite. Ich hatte mich nun mal für Frankfurt entschieden und damit basta! Keine Lust auf Liebesfrust!

Noch etwas in Gedanken fragte ich Conni, ob sie eigentlich einen Freund hätte. Ich war ziemlich baff, als sie daraufhin kopfschüttelnd lachte. Was war denn daran so komisch?

26

Mann, was war ich doch für ein blauäugiges Schaf! Wie konnte ich nur so doof und blind und blöd sein! Wahrscheinlich kam das daher, weil ich das Leben bei Tante Hanna so gestrichen satt hatte und einfach froh gewesen war, endlich ein Zimmer zu haben. Alles war so herrlich – und ich hatte mich ja auch so wohl gefühlt . . . bis heute Abend!

Aber ich erzähle am besten von Anfang an. An Schlaf ist ja eh nicht zu denken, so aufgewühlt, wie ich bin.

Also: Heute kam ich wirklich kaputt vom Krankenhaus wieder. Wir hatten gerade so viele Neuaufnahmen und Notfälle – das macht wohl das schmuddelige Novemberwetter. Vor allem die alten Leute können das nicht gut ab und kippen reihenweise um. Ich war froh, endlich meine armen Knochen genüsslich in der Badewanne ausstrecken zu können und dachte gerade daran, dass ich gut und gern eine Stunde so liegen bleiben könnte, da klopfte es an der Badezimmertür.

Etwas verärgert über die Unterbrechung meiner wohlverdienten Rekreation brummte ich: „Ja, kannst reinkommen, die Tür ist offen.“ Natürlich dachte ich mir *rein gar nichts dabei*, Conni ins Badezimmer zu lassen, während ich in der Wanne lag. Wir haben nun mal nur ein Klo – wenn sie also nun dringend pinkeln musste oder sich nur schnell die Zähne putzen wollte, konnte ich es ihr ja kaum verwehren. Etwas baff war ich nur, als ich sah, dass sie mit nichts als einem äußerst knappen Tanga bekleidet war.

Aber selbst da ahnte ich noch nicht, wo der Hase lang läuft. Dachte, Conni wollte vielleicht noch weg und musste sich folglich noch etwas frisch machen. Also drehte ich mich diskreterweise weg und wartete, bis sie mit ihrer Abendtoilette durch war. Aber nichts geschah. Sie stand einfach nur da, mitten im Bad, und ich fühlte mich auf seltsame Weise beobachtet.

Dann setzte sie sich auf den Badewannenrand und fing an, mir in den Haaren rumzumachen und schwafelte irgendwas von „deine Haare sind wie Seide . . .“ Ich dachte, ich spinne! Als ihre Hände dann langsam meinen Rücken runterwandern wollten, dämmerte es mir endlich! Wie aus einer Hypnose erwacht fuhr ich herum und starrte sie fassungslos an.

Als ich endlich meine Sprache wieder gefunden hatte, stammelte ich nur: „Lass das, Conni – ich will das nicht!“

Sie schien darüber eher amüsiert als in irgendeiner Weise beeindruckt, zog sich aber immerhin ein Stück zurück und lächelte mich klebrig süß an.

Ich ergriff die Flucht, grapschte mir das nächstbeste Handtuch, ließ es dann aber angewidert fallen, als ich merkte, dass es ihres war und zog schließlich, nass wie ich war, T-Shirt und Schlüpfer über. Conni saß immer noch auf dem Badewannenrand und sah mir amüsiert zu. Bevor ich das Bad fluchtartig verlassen konnte, sagte sie noch grinsend: „Keine Bange, Kleines – ich werde dich schon nicht gleich auffressen!" – und dann, nach einer kurzen Pause mit einem viel sagenden Zwinkern, „. . . erst, wenn du es auch willst!"

Und nun lag ich hier und traute mich nicht, einzuschlafen. Zum ersten Mal fiel mir auf, dass mein Zimmer keinen Schlüssel hatte! Was sollte ich bloß machen, wenn Conni heute Nacht rüberkam? Oh weh . . .

27

Irgendwann musste ich wohl doch noch eingeschlafen sein. Jedenfalls befand ich mich im Netz einer riesigen schwarzen Spinne und konnte ihr nicht entkommen. Ich zappelte und strampelte und kämpfte um mein Leben, doch verstrickte ich mich bei diesen kläglichen Versuchen immer mehr in diesen klebrigen Fäden, während die Spinne langsam auf mich zu krabbelte. Als sie mir so nahe war, dass ich ihren Atem spüren und in ihre Augen blicken konnte, die Connis verblüffend ähnlich sahen . . . gerade, als die Spinne ihren Mund aufriss, um mich mit Haut und Haar zu verschlingen, kam aus dem Nichts Jan in Supermann-Manier angeflogen. Er riss mich aus den Fäden, um mich auf seinen starken Armen vor dem verdutzt blickenden Monstrum zu retten und mit mir davonzuschweben.

Trotzdem wachte ich schweißgebadet auf. 3:07 Uhr. Ich konnte noch nicht lange geschlafen haben. Aber Conni schlief jetzt immerhin schon. Nirgends war mehr Licht. Gut so!

„Also, Pia, reiß dich mal zusammen – dein Wecker klingelt erbarmungslos um 5:15 Uhr!“, sagte ich mir. Wie sollte ich bloß den Tag überstehen? Und was würde danach werden?

Vielleicht sollte ich doch einfach zurück nach Kiel gehen. Hier konnte ich jedenfalls nicht bleiben nach gestern Abend. War der Traum vielleicht so was wie ein Wink des Schicksals? War doch komisch, dass es gerade Jan war, der mich diesem Monstrum entriss – war das jetzt Projektion meiner geheimsten Wünsche? Oder spielte mir mein Unterbewusstsein gerade ein paar üble Streiche? Ach was – ich durfte die Sachen auch einfach nicht zu ernst nehmen. Besser sollte ich wieder versuchen weiterzuschlafen. Mit diesen Grübeleien darf man gar nicht erst anfangen, sonst kann man das mit dem Schlafen gleich vergessen. Und wer weiß? Morgen sieht bestimmt schon alles viel besser aus. Nachts jagt man ja oft Wunder was für Schreckgespenstern nach. Also: Schäfchen zählen und ruhig Blut, Pia!

Als der Wecker von irgendwo aus einer anderen Welt an mein Hirn appellierte, saß gerade dieser Puma an meinem Bett. Wieder blitzten mich Connis Kajal-Augen hämisch an, als das Biest zum Sprung ansetzte! Doch dann war wieder *er* da. Aus dem Nichts erschien Jan und knallte mit seiner Dompteurpeitsche in die Luft, woraufhin sich die Bestie fauchend zurückzog.

Gerne hätte ich den Ausgang der Story erfahren (zum Beispiel, ob ich meinem wackeren Retter schmachtend in die Arme gefallen bin oder so). Aber der olle Wecker piepste erbarmungslos und ließ mich doch glatt das Happy End verpassen! Na ja, das gab es ja anscheinend immer, wenn Jan auf der Bildfläche erschien. Leider aber nur im Traum.

In Wirklichkeit – so musste ich mir beim verschlafenen Zähneputzen eingestehen – hatte ich ja die Brücken abgebrochen. Hatte bis heute auch nichts von Jan gehört. Sicher hatte er das Ganze auch nur als eine Art nettes Zwischenspiel betrachtet und sich längst irgendein Mädel aus seinem Semester geangelt. Merkwürdigerweise ließ mich dieser Gedanke nicht cool. Na, ich war wohl einfach nur viel zu aufgewühlt von Connis Annäherungsversuch gestern Abend.

Leider sah die Welt heute Morgen noch genauso trüb aus wie vergangene Nacht. Nichts hatte sich gebessert – rein gar nichts! Mir graute davor, am Nachmittag wieder herkommen zu müssen und vielleicht Conni zu begegnen. Im Moment schlief sie ja zum Glück noch. Aber heute Abend? Sie würde mich nicht vernaschen, noch nicht – *bis ich es selber wollte*! Wieder stieg die Panik von gestern Abend in mir auf und ließ sich nur mit Mühe bezwingen.

Irgendwas musste sich ergeben für mich – und zwar schnell! Aber *wie* sollte das gehen bei diesem Wohnungsmarkt. Wie nur?

28

„Pass doch auf, Pia – beinahe hätte ich die Bettpfanne verschüttet! Was ist denn bloß heute los mit dir?“

Karin war ganz schön sauer. Und zu Recht. Ich hatte meine Sinne einfach nicht beisammen, musste immer daran denken, wo ich so schnell eine andere Wohnung herkriegen sollte. Tja, und dabei hätte ich ihr eben fast die Bettpfanne aus der Hand geschlagen, weil ich sie aus Versehen angerempelt hatte. Und jetzt musste ich auch noch Blut abnehmen in der Aufnahme. Hoffentlich keine Rollvenen – die würde ich heute bestimmt nicht treffen.

Gerade als mir das blöde Röhrchen mit dem erfolgreich abgezapften Blut aus der Hand gefallen war und sich die ganze rote Sauce auf dem Fußboden ergossen hatte, kam Schwester Elisabeth ins Zimmer! Ich hätte mich ohrfeigen können

„Schwester Ruth, übernehmen Sie das hier, bitte! Und Pia, kommen Sie doch mal bitte kurz mit.“

Ausgerechnet heute half Schwester Elisabeth bei uns auf der Inneren aus. Normalerweise war sie ja drüben in der Chirurgie, aber da Schwester Anna gerade mit einem Hexenschuss flach lag, war nun die Chefin persönlich bei uns. Und was sollte ich ihr wohl sagen?

Jetzt kommt eine fette Standpauke, wenn nicht gar der Rausschmiss!, ging es mir durch den Kopf, als ich meiner Chefin in ihr Büro folgte. Als sie mir einen Stuhl anbot, setzte ich mich kleinlaut vor ihren mächtigen Eichenschreibtisch und erwartete das Schlimmste. Der gekreuzigte Holz-Jesus an der Wand schaute auch schon ganz mitleidig auf mich herab.

Aber statt der Standpauke goss Elisabeth mir erst mal einen Kaffee ein. Dann bot sie mir ein paar Kekse an, die ich auch dankbar annahm, denn ich hatte heute Morgen keinen Bissen herunterbekommen. Daraufhin setzte Schwester Elisabeth sich wie beim Kaffeekränzchen gemütlich zurück, wartete, bis ich meinen ersten Schluck Kaffee intus hatte und begann dann in ihrer warmen, herzlichen Art das Gespräch: „Dann schieß mal los, Mädchen – wo drückt der Schuh?“

Zuerst überlegte ich kurz, ob ich ihr die Sache wirklich erzählen konnte – aber wem sollte ich es denn sonst sagen? Meine Mutter würde sich postwendend in den nächsten Zug setzen und mich abholen – oh je! Und zu Tante Hanna wollte ich auch auf keinen Fall zurück. Außerdem war mir die ganze Sache höchst peinlich! Wenn ich daran dachte, dass ich selbst vielleicht Connis Interesse geweckt hatte . . . Wie oft bin ich spärlich oder gar nicht bekleidet über den Flur ins Bad gegangen. Auch wenn Conni da war. Aber wer denkt sich schon was dabei in einer Frauen–WG, in der ich übrigens in meinen ganzen 3 ½ Wochen, die ich dort wohnte, nicht einen einzigen Mann die Schwelle betreten gesehen habe?

Erst heute Morgen beim Rausgehen hatte ich das winzige Zeichen auf Connis Haustürschild gesehen: Weiblich, weiblich, das Zeichen für Lesbierinnen. Natürlich hatte ich das unbewusst schon manchmal gesehen, hatte mich aber nicht sonderlich daran aufgehalten, weil ich Conni eh schon in die Emanzen-Schublade einsortiert hatte. Zwei Weiblich-Zeichen hießen für mich irgendwie nur „Emanze hoch zwei“. Dabei hatte ich ja nicht mal was dagegen, wenn jemand halt lesbisch ist. Nur ich selbst wollte nicht gerade das Objekt dieser Neigungen sein! Mann, wie kann man nur so blöd und blauäugig sein!

Tja, aber es half nun alles nichts – ich brauchte schleunigst eine neue Wohnung und das sagte ich auch Schwester Elisabeth. Die hörte sich, übrigens in aller Ruhe – obwohl heute mal wieder der Bär los war auf der Station – meine Geschichte an. Ohne mit der Wimper zu zucken. Ich erzählte ihr sogar die Geschichte mit der Badewanne bis in alle Einzelheiten. Ich fühlte mich immer noch irgendwie besudelt von Connis Gefummel und es tat gut, die Geschichte mal loswerden zu können. Ich musste zum Schluss sogar heulen, so sehr nahm mich das Ganze mit.

Schwester Elisabeth kam zu mir rüber, legte den Arm um mich, gab mir ein Tempotuch und sagte dann, nachdem ich endlich fertig war: „Weißt du was? Du fährst jetzt einfach zu deiner Wohnung, packst deine Sachen und kommst wieder her. Nimm dir am besten ein Taxi. Im Mutterhaus ist noch ein Zimmer frei. Nicht besonders groß, aber möbliert und sauber. Unser kleines Dachstübchen . . . für Notfälle“, setzte sie mit einem Zwinkern hinzu. „Da hast du deine Ruhe – ich meine, da wirst du nicht geweckt, wenn alle zur Frühandacht gehen. Natürlich darfst du unsere Andachten auch besuchen, aber wir möchten niemanden dazu zwingen. Jedenfalls bist du uns – und ich denke, ich spreche im Namen der ganzen Schwesternschaft – herzlich willkommen und kannst bleiben, solange du willst.“

Über mein Gesicht breitete sich unweigerlich ein Strahlen aus. Ich hätte Schwester Elisabeth umarmen können, sparte mir diesen neuerlichen Gefühlsausbruch aber und gab ihr stattdessen nur herzlich die Hand.

„Danke – das ist ja – das ist ja wirklich total nett“, stammelte ich und kam mir ziemlich bekloppt vor.

„So, und nun keine Zeit verloren – du möchtest dieser Conni ja vielleicht nicht unbedingt noch in die Arme laufen, oder? Hier bist du heute sowieso nicht mehr zu gebrauchen“, sagte Schwester Elisabeth mit einem gutmütigen Lächeln. Dann erhob sie sich (ob ihrer abgearbeiteten Knochen etwas mühselig) und schob mich sanft, aber bestimmt zur Tür hinaus.

Als ich mich kurz darauf auf den Weg zur U-Bahn machte, musste ich mich richtig beherrschen, nicht laut loszujubeln. Ich fühlte mich so unglaublich froh und frei und auch endlich wieder sauber!

29

Weihnachten kam viel schneller als gedacht. Die letzten Wochen waren wie im Flug vergangen und morgen würde ich schon nach Hause fahren.

Im Mutterhaus zu wohnen war total anders als alles, was ich bisher kennen gelernt hatte. Die Parkanlage rundherum ließ das Gebäude fast wie eine Villa erscheinen und die hohen Mauern um diesen Park trennten einen von der hektischen Außenwelt, sodass man sich hier irgendwie zeitlos fühlte. Fernsehen gab es hier auch keines, dafür drangen ab und an verhaltene Choralgesänge in mein Zimmer, was den Klostercharakter meines neuen Domizils noch unterstrich. Klösterlich war auch mein Zimmer. Winzig, aber sauber – da hatte mir Schwester Elisabeth nichts vorgemacht. Was die Möblierung betraf . . . nun ja: 70er-Jahre-Furnier-Schrank, Waschbecken, kleiner Holztisch mit 90er-Jahre Küchenstuhl, Krankenhaus-Stahlrohrbett, zwei Kleiderhaken. Das war's. Die Wände in „freundlichem" Weiß-grau gehalten. Sehr klösterlich eben. Aber trotzdem war es toll hier zu wohnen.

Conni hatte ich einen Brief geschrieben und war ihr zum Schluss auch noch kurz begegnet. Sie hat die Sache anscheinend nicht gerade tragisch genommen. Sagte, es sei schon okay – sie kriege ja per Zeitung schnell wieder eine Nachmieterin. Ich hatte ihr das Geld für den nächsten Monat angeboten, als Ausgleich für meinen überstürzten Auszug sozusagen, aber sie wollte es gar nicht.

Eigentlich war Conni ja doch ein netter Mensch. Hatte ich in meiner Panik schon ganz vergessen. Nur mit der ständigen Angst vor ihren Annäherungsversuchen konnte ich nun mal nicht leben. Beim besten Willen nicht – tut mit Leid. Im Grunde genommen war ich aber jetzt froh, dass ich nicht klammheimlich abgehauen war. War doch viel besser, dass wir uns im Guten getrennt hatten.

Tja, und nun lebte ich also quasi genau das Gegenteil: Ein Leben im Kloster – oder zumindest fast! Es war schon merkwürdig, wo es einen manchmal hin verschlug . . . Eigentlich müsste man ja denken, dass es einem 20-jährigen Mädel langweilig wird in so einer Abgeschiedenheit. So ganz ohne Fernsehen, ohne Freunde – denn die hatte ich ja alle in Kiel oder Rendsburg zurückgelassen – und ohne Action. Ja, selbst der Sport kam zu kurz, seit ich hier in Frankfurt war. Ab und zu war ich noch schwimmen gegangen und wenn es mich überkam, habe ich auch meine Laufschuhe angezogen und bin am Mainufer entlanggejoggt. Einfach um mich mal wieder auszupowern und meine Kanäle durchzupusten . . . aber regelmäßig habe ich keinen Sport mehr gemacht.

Trotzdem war ich vollauf zufrieden mit der Situation hier. Die Stille meines neuen Domizils hatte etwas Beruhigendes und sie half einem, klar zu denken. Und genau das brauchte ich im Moment mehr als alle Action.

Ich weiß nicht . . . ich hatte zwar einen Beruf, der mir Spaß machte, eine Stelle, mit der ich zufrieden sein konnte und auch finanziell war ich auf der sicheren Seite. Und doch: Irgendwie hatte ich das Gefühl, dass mir irgendetwas Wesentliches fehlte. Dieses Gefühl hatte ich schon öfter. Doch dann habe ich mir immer gesagt: „Ja, wenn ich erst mal die Schule fertig habe . . .", oder „Wenn ich erst mal die Lehre beendet habe" – „Wenn ich erst mal finanziell unabhängig bin . . ." – „Wenn ich erst mal . . ."

Doch jetzt hatte ich all diese Ziele längst erreicht und doch war da das vage Gefühl, am Eigentlichen vorbeigelaufen zu sein. Natürlich konnte ich jetzt immer so weitermachen: „Wenn ich erst mal einen festen Freund, einen Mann, ein eigenes Haus, ein paar Kinder habe . . . dann, ja, dann werde ich vollauf zufrieden sein!“ Aber obwohl ich mir vor allem den Freund natürlich sehr wünschte, bezweifelte ich, dass dann wirklich alles besser war.

Die Schwestern hier zum Beispiel, die waren ja ganz und gar ausgestiegen aus allem. Ich meine, die machten einfach nicht mit bei der allgemeinen Jagd auf irgendwelche Sachen, die sie angeblich glücklicher oder erfüllter machen könnten. Ja, die zogen das voll durch bis hin zum Zölibat! Nicht, dass ich es besonders erstrebenswert fand, sich selbst so einzuschränken. Und dennoch strahlten sie alle, wie sie waren, so etwas aus – so eine Ruhe und Zufriedenheit . . . Dabei keulten sie mindestens zehn Stunden am Tag, verbrachten den Rest ihrer Freizeit mit Gesinge und andauernden Andachten. Nach ihren Mühen kehrten sie dann in ein ähnlich karges grau-weißes 70er-Jahre-Kämmerchen ein und das Ganze für ein lächerliches Taschengeld!

Wenn man das so bedachte, war das wirklich voll abgefahren, und doch: Keine schien mit diesem Leben in irgendeiner Weise zu hadern. Sie waren auf ihre stille (und zugegebenermaßen etwas omahaft-altbackene) Art glücklich und zufrieden. Und das ohne den ganzen Stress dieser hektischen Zeit. Jetzt klang ich auch schon wie eine 80-Jährige! Aber es war doch wahr: Noch nie kam mir das Leben mit all seinen vermeintlichen Wichtigkeiten so unsinnig vor wie in dieser hektischen Stadt.

Vielleicht war Aussteigen das einzig Richtige. Jedenfalls schien mir dieses „Wenn ich erst mal . . .“ kein besonders kluger Weg, sein Leben zu leben. Ja, ich wollte die Zeit, die ich hier war, zum Nachdenken nutzen. Meine Eltern würden morgen oder spätestens bis zu meiner Abreise sicher die Frage stellen, wie ich mir meine Zukunft denn nun vorstellte. Also, ob ich in Frankfurt bleiben wollte und so. Und so sehr ich auch darüber nachdachte: Ich hatte nicht die leiseste Ahnung, was als Nächstes kommen würde.

30

„Hier sind ein paar Briefe, die in den letzten zwei Wochen bei uns angekommen sind. Ich fand, es lohnt sich nicht, sie dir hinterherzuschicken, wo du sowieso Weihnachten kommst."

Mama reichte mir einen Packen Post – meist Reklame von Versicherungen. Wenn ich die alle abschließen würde, würden sie mir leider auch nichts nützen, da meine ganzen Kröten draufgehen würden und ich leider Hungers sterben müsste – geschröpft von lauter Versicherungsbeiträgen! Also: Ab in den Müll damit . . . und da: eine Karte aus Teneriffa – und ein Brief von Jan!

Mama bemerkte wohl die kleine Veränderung, als mein Blick auf diesen Brief fiel.

„Ich glaube, der hat vor ein paar Wochen hier auch angerufen und nach dir gefragt. Aber du hast ja gesagt, wir sollten keinem erzählen, wo du bist. Wieso eigentlich nicht?" Und keine Antwort abwartend fuhr sie fort: „Also, der junge Mann schien sehr nett zu sein und war wohl ziemlich besorgt um dich. Er hat zwei-, dreimal gefragt, ob es dir auch gut geht. Ist mir schwer gefallen, ihm nichts zu verraten. Es geht mich ja nichts an und ich will mich auch nicht in deine Angelegenheiten mischen, aber kannst du dich nicht mal bei dem Jungen melden? Oder habt ihr euch gestritten? Wer ist das überhaupt?"

Mama war wirklich nicht der Typ Mensch, der sich in seiner Neugier leicht bezwingen konnte. Aber irgendwie hatte sie auch Recht. Wie sollte sie mich denn auch verstehen und nachvollziehen können, warum ich so strikt alle Brücken (besonders diese eine) hinter mir abgebrochen hatte? Ich verstand mich ja selbst nicht mal!

Auch in der anderen Sache hatte Mama wohl Recht: Es war ganz schön gemein von mir, so sang- und klanglos abzuhauen und Jan keinerlei Lebenszeichen zu hinterlassen bis auf eine kaltschnäuzige Notiz, dass alles aus sei. Natürlich hatte ich ihm geschrieben, er solle sich keine Mühe geben, mich zu suchen – aber er tat es doch. Und wie er es tat! Es waren fast fünf Monate vergangen seit dem Abend, an dem wir uns so nahe gekommen waren. Unwillkürlich musste ich lächeln bei dem Gedanken an Jans fordernde und zugleich unendlich zarte Küsse. Hätte er unserer Beziehung doch nur ein wenig mehr Zeit zum „Anwachsen“ gegeben, statt gleich am nächsten Tag wieder aus meinem Leben zu verschwinden . . . wer weiß, was dann passiert wäre?

Nachdenklich strich ich über Jans Brief, als könne er selbst diese Berührung spüren. Doch da bemerkte ich, dass Mama mich noch immer erwartungsvoll anstarrte.

„Ach, das ist mein Ex-Nachbar aus Kiel – du weißt doch, dieser Agrarstudent . . . na ja, wir waren ganz gut befreundet . . .“ Inständig hoffte ich, dass Mama nicht noch auf weitere Auskünfte bestehen würde. Mein Gestammel bezüglich unserer Beziehung und Jans „sehr besorgter“ Anruf – klar, dass da was im Busch war . . .

Aber Mama zuckte nur mit den Schultern und sagte etwas resigniert: „Na, du musst es ja wissen – aber vielleicht kannst du dich ja doch mal bei dem armen Jungen melden.“

Mit einem „Mal sehen – vielleicht hast du Recht“, zog ich mich aus der Affäre und huschte auf mein Zimmer, um endlich Jans Brief lesen zu können.

31

Liebe Pia!
Zunächst muss ich mich bei dir entschuldigen.
Wahrscheinlich habe ich dich total überrumpelt

an unserem letzten Abend – das alles kam für dich wohl ziemlich überraschend. Aber ich musste dir einfach noch sagen, was ich für dich fühle, bevor ich mein Praktikum anfing.
Als ich dann Mitte August nach Kiel fuhr, weil ich es nicht mehr aushielt, nichts von dir zu hören, traf mich fast der Schlag und ich stellte mir die Frage, die ich mir seither unentwegt stelle: WARUM?
Ja, warum, Pia? Warum konntest du mir nicht wenigstens sagen, wie du empfindest und was du vorhast? Warum willst du keinerlei Kontakt mehr? Habe ich dir wehgetan oder dich zu sehr bedrängt?
Du schreibst, ich soll mir keine Mühe geben, dich ausfindig zu machen, doch wie könnte ich das?
Ich liebe dich, Pia, wie ich sehr, sehr lange nicht mehr fähig war zu lieben, und es ist mir unmöglich, dich einfach so aufzugeben. Wenn du mir wenigstens gesagt hättest, dass du mich nicht willst ... aber so?
Wie kann ich denn weitermachen, ohne an dich zu denken? Zum tausendsten Mal frage ich mich, ob ich schuld daran bin, dass du fortgegangen bist. – Aber was nützt es mir? Deine Mutter gab mir unmissverständlich zu verstehen, dass du keinen Kontakt mehr wünschst. So weiß ich auch gar nicht, ob dieser Brief dich je erreichen wird.
Ich kann es nur hoffen.
Nun, dies ist jedenfalls mein letzter Versuch, mit dir Kontakt aufzunehmen. Wenn ich auf diesen Brief hin nichts von dir höre, muss ich mich wohl oder übel damit abfinden, dass ich eine sehr gute Freundin und vielleicht die Liebe meines Lebens verloren habe.
Das alles ist mir unbegreiflich und fürchterlich schmerzhaft – es ist fast schlimmer, als wärst du tot.
Obwohl – so soll man wohl nicht denken.
Ich hoffe jedenfalls für dich, dass du findest, wonach du dich sehnst und dass es dir gut geht – und ich hoffe ...

Nein, ich will dich nicht schon wieder bedrängen.
Also, leb wohl, Pia.
Ich liebe dich und kann nicht anders.
Jan

Bam! Das saß! Ich ließ mich auf mein Bett sinken und starrte fassungslos auf die letzten Zeilen.

„Leb wohl, Pia . . . ich liebe dich . . ." Das klang ja fast wie ein Abschiedsbrief vor einem Selbstmord! Ich fühlte mich wie ein egoistisches Schwein. Und auf einmal stieg Panik in mir auf. Was, wenn Jan nun wirklich eine Dummheit machte? Dass es ihm Ernst war mit seiner Zuneigung zu mir, daran brauchte ich wohl nicht zu zweifeln – aber was, wenn er wirklich *so* verzweifelt war, dass er . . .

Wie ein Wirbelwind lief ich zum Telefon runter, kramte das Kieler Telefonbuch raus und suchte Jans Nummer: Olmeyer, Olpe, Olsen, Olsen . . . da: Olsen, Jan . . .

Tuut . . . tuut . . . tuut.

„Ach, Jan, jetzt geh schon ran!" Nach dem zwanzigsten Klingeln legte ich auf. „Er ist sicher bei seinen Eltern", beruhigte ich mich, und doch wollte sich meine Panik kaum legen. Im Gegenteil: Ich war jetzt noch unruhiger als vor dem Anruf! Wenn er doch nur da gewesen wäre! Natürlich hätten wir über alles reden können. Wahrscheinlich hätten wir uns auch verabredet und . . . Ja, wahrscheinlich hätte ich dann genau das bekommen, was ich zu vermeiden versucht hatte: Eine Wochenendbeziehung. Denn mit an Sicherheit grenzender Wahrscheinlichkeit konnte ich Jan nicht widerstehen.

Aber was sollte ich denn jetzt machen? Am Ende tat er sich womöglich doch was an aus lauter Frust und Liebeskummer . . .

Oh, Mist! Dass das Leben aber auch immer so kompliziert sein musste! Wenn ich doch wenigstens die Telefonnummer seiner Eltern gehabt hätte. Vielleicht war er über Weihnachten dort. Aber ich wusste ja nicht mal richtig, wo die genau wohnten, und Olsens gibt es an der Westküste wie Sand am Meer. Also: Zwecklos.

Ziemlich aufgelöst ging ich zurück auf mein Zimmer. Der Blick aus meinem Dachfenster gab einen trüben Dezemberhimmel preis ... genau das richtige Wetter, um sich finsteren Gedanken hinzugeben. Und ehe ich mir dessen bewusst wurde, tat ich auch schon etwas, was ich nicht mehr getan hatte, seit ich ein kleines Mädchen gewesen war: Ich betete.

32

„Ich will dich nicht stören, Pia, aber möchtest du dich mir anvertrauen?"

Es war Schwester Elisabeth, die da zu mir kam und mich aus meinen Grübeleien riss. Seit zwei Monaten – also seit Mama mir diesen Brief von Jan gegeben hatte – tat ich fast nichts anderes als grübeln. Und auch heute saß ich hier in der fahlen Februarsonne auf der Bank unseres kleinen Parks und überlegte, wie nun alles weitergehen sollte. Mit mir – und mit Jan.

„Darf ich mich zu dir setzen?"

Bei jedem anderen hätte ich diese Frage unerhört aufdringlich gefunden. Aber Schwester Elisabeth – wir duzten uns übrigens, seit ich hier eingezogen war – konnte man kaum etwas übel nehmen. Sie war viel mehr als meine Chefin – welche sie im Übrigen nur in allergrößten Notfällen raushängen ließ. Sie war meine Freundin und Mutter zugleich. Ja, wirklich: Das, was mich bei meiner eigenen Mutter störte, diese fürsorgliche Überbemutterung, und was mich bei Tante Hanna fast rasend gemacht hat ... bei Elisabeth konnte ich es ertragen. Ja, mehr als das: Ich brauchte es förmlich, dass sie mich hier und da einmal mütterlich zur Seite nahm und mich behutsam in die richtige Richtung stupste. So viele Fragen geisterten in der letzten

Zeit in meinem Schädel rum. Und ich war ihnen hier in dieser Stadt, deren Anonymität mir gerade in dieser trüben Zeit sehr zu schaffen machte, völlig schutzlos ausgeliefert.

Ja, wäre da nicht Schwester Elisabeth gewesen, die mich immer wieder durch ihre sanfte, aber entschlossene Art ermutigte, die Dinge von der positiven Seite zu betrachten, ich wäre wohl völlig am Ende gewesen.

Also lächelte ich die alte Dame, die meine Oma hätte sein können, an und meinte: „Nein, mein Hintern ist eh schon ganz verkühlt von dieser Bank – aber vielleicht können wir noch ein wenig im Garten herumlaufen?“

Es fiel mir nicht gerade leicht, einen Anfang zu finden – was versteht eine Nonne schon von Liebeskummer?! Ob ich ihr das Ganze nicht doch einfach verschweigen sollte? Andererseits brauchte ich dringend eine Art neutralen Rat.

Als ich Jan nicht am Telefon erwischt hatte und ihn auch die nächsten Tage nicht an die Strippe kriegte, blieb mir nichts anderes übrig, als ihm zu schreiben. Inständig hoffte ich, dass mein Brief nicht zu spät kam und Jan nicht in der Zwischenzeit irgendwelche Dummheiten gemacht hatte.

Es wurde ein sehr langer Brief, in dem ich versuchte, ihm meine Gefühle – die ich ja selbst kaum durchblickte – darzulegen. Meinen Entschluss, hierher zu kommen, habe ich ihm auch noch einmal erklärt und ein paar von den Schoten berichtet, die ich hier schon erlebt habe. Selbst die Sache mit Conni habe ich Jan (wenn auch nicht in allen Einzelheiten, so doch zumindest umrisshaft) geschrieben.

Als ich so ins Schreiben kam und auf ein paar Seiten die letzten Monate seit August zusammenzufassen versuchte, da merkte ich auf einmal, was ich mit Jan vor allem zurückgelassen hatte: Einen guten Freund. Ja, wir haben uns wirklich fast alles erzählt damals. Auch Dinge, die ich sonst niemandem anvertraut habe. Wir waren wirklich richtig gute Freunde. Es gab lediglich ein einziges Tabuthema zwischen uns; und das war unsere Beziehung. Bis zu dem Abend, als er mich zu sich eingeladen hat.

Irgendwie hat dieser eine Abend alles kaputt gemacht. Das

leise Knistern, das immer zwischen uns geherrscht hat, mündete in einem enormen Crescendo, das irgendwie zu doll und zu früh kam – und leider endete damit auch unsere Freundschaft.

Wer weiß, ob ich überhaupt hierher gekommen wäre, wenn dieser Abend nicht gewesen wäre? Aber alles „hätte" und „wäre" half mir ja auch nicht weiter. Tatsache war, dass Jan und ich nun fast 800 km voneinander entfernt wohnten und ich immer noch keine Lust auf eine Wochenendbeziehung hatte, was ich ihm auch schrieb.

So weit, so schlecht – aber es wurde noch komplizierter. Natürlich hatte ich Jan nicht geschrieben: „Vergiss es, Junge, ich will dich nicht!" Genau das hätte es wohl gebraucht, um ihn mir vom Leib zu halten . . . vielleicht. Aber ich konnte das einfach nicht schreiben – denn es war ja nicht wahr! Und trotzdem konnte ich ihm auch nicht schreiben, wie sehr auch *ich* ihn liebte – denn auch das war nicht wahr.

Jan bedeutete mir viel, ohne Zweifel . . . aber *lieben*? Und selbst wenn – hieße das, dass ich meine gesamte berufliche Laufbahn abändern und wieder nach Kiel gehen sollte? Oder würde er herkommen? Aber wie sollte das gehen bei der Frankfurter Wohnungsnot? Wie man es drehte und wendete, es war alles großer Mist!

Und dann kam heute dieser Brief. Mama hatte ihn mir nachgeschickt, weil Jan meine Adresse ja nicht hatte. Immerhin ein Lebenszeichen von Jan, wie ich sehr erleichtert feststellen musste.

Jan war über Weihnachten in Norwegen gewesen und hatte anschließend noch ein Praktikum gemacht. Meinen Brief hatte er also erst Mitte Februar bekommen und natürlich sofort geantwortet.

Er schrieb nicht viel – aber was er schrieb, warf mich nun völlig aus der Bahn.

. . . Pia, wenn du meinst, dass du erstmal Zeit für dich brauchst, dann kann ich das gut verstehen.

Ich werde dich auch nicht mehr bedrängen oder irgendeine Entscheidung von dir fordern. Aber eines sollst du ganz sicher wissen: Ich werde auf dich warten – egal, wie lange du brauchst.
Dein Jan

Ich zog den Brief aus meiner Manteltasche. Wieder starrte ich fassungslos auf diese Worte. Ich hätte nie gedacht, dass ich je meine geheimsten Liebesbriefe einer Nonne zeigen würde – doch genau das tat ich jetzt.

33

„Wenn ich nur wüsste, was mich davon abhält, mit ihm zusammenzukommen", sprudelte es nun endlich aus mir heraus, als Elisabeth den Brief gelesen hatte. „Er ist wirklich nett – ja, ich glaube, ich bin sogar verliebt in ihn." Bei diesen Worten errötete ich etwas. Wie sollte eine Ordensschwester mir in solch einer Sache überhaupt weiterhelfen können? Das war wohl wirklich etwas viel verlangt. Trotzdem tat es gut, einmal meine Gedanken laut auszusprechen. Und zuhören konnte Elisabeth nun mal wie keine andere.

„Ich weiß nicht einmal, was mich hier hält . . . ich meine . . .", fast befürchtete ich, Schwester Elisabeth könnte durch meine Offenheit gekränkt sein, aber sie lächelte mich nur aufmunternd an und so fuhr ich fort: „Also, ein Mädel in meinem Alter sollte doch eigentlich etwas anderes im Sinn haben, als in einem kleinen grauen Zimmer zwischen 20 alten Schwestern zu leben." Hoppla, das klang nicht nett, aber nun war ich einmal in Fahrt und da musste auch alles raus.

„Nimm es mir nicht übel – aber auch wenn ich dankbar bin,

dass ich hier bei euch wohnen kann ..." Jetzt strömten mir die Tränen, die ich bis hierher so gekonnt unter Kontrolle gehalten hatte, einfach die Wangen runter, ohne dass ich etwas dagegen tun konnte. „Aber ich muss doch was aus meinem Leben machen, statt meine Zeit hier zu vertrödeln – ohne Freunde – ohne ... eben ohne Jan."

Hier machte ich eine Pause, denn ich wusste gar nicht genau, worauf ich überhaupt hinaus wollte.

Nach einer Weile schaute Elisabeth mich ernst, aber keineswegs beleidigt an und fragte: „Und? Was hält dich bei uns?"

Tja, diese Frage hatte ich mir in den letzten Wochen schon an die tausend Mal gestellt. Doch selbst vor Weihnachten war sie mir ein unbeantwortetes Rätsel geblieben. Aber jetzt, wo jeder vernünftige Mensch sich in den nächsten Zug nach Kiel gesetzt hätte – nun zweifelte ich in der Tat an meiner Zurechnungsfähigkeit.

So zuckte ich also nur mit den Schultern und gab der Schwester kleinlaut zurück: „Ich weiß es nicht", und dann nach einer Weile: „Vielleicht erwarte ich, dass irgendetwas Besonderes hier mit mir geschieht ... dass ich irgendwie Antworten finde auf Fragen, die ich mir schon lange stelle. Und dieser Ort ist in seiner Schlichtheit und Abgeschiedenheit genau das Richtige, um so grundsätzliche Fragen zu klären. Nur manchmal raubt mir diese Grübelei fast den Verstand."

Merkwürdigerweise zeigte meine Zuhörerin trotz meiner tiefen und aufgewühlten Bekenntnisse wenig Mitleid – im Gegenteil: Sie schien fast erfreut und strahlte, als hätte ich ihr eben erzählt, dass sie bald Oma würde oder so was. Ich war total irritiert von dieser Reaktion.

Endlich legte Elisabeth los: „Weißt du, was ich glaube, Pia?", Erwartungsvoll schüttelte ich den Kopf. „Ich glaube, du bist hier, weil Gott dich hergeschickt hat und er lässt dich nicht eher in Ruhe, bis du dich ihm zugewendet hast."

Verdattert und etwas ärgerlich blieb ich stehen. Okay, ich respektierte den Glauben dieser Schwestern und ganz augenscheinlich gab das ihnen auch etwas, was mir fehlte. Eine innere Ruhe und Zufriedenheit, die ich – zugegeben – bewunderte.

Aber hatte dieser Gott das Recht, mich hier festzuhalten? Überhaupt, dass der Gott, von dessen Gegenwart diese Schwestern überzeugt waren, so ins persönliche Leben eines Menschen eingreifen konnte, erschien mir nicht nur abwegig, sondern auch ein bisschen unangenehm.

Stirnrunzelnd schüttelte ich nur den Kopf. „Nein, ich denke, das mit dem Glauben hilft in meinem Fall nichts – es mag ja bei euch klappen . . . ich meine: Ihr schöpft wohl irgendwie Kraft aus eurem Glauben, aber ich? Ich hab mich, seit ich ein kleines Mädchen war, nicht mehr um Gott gekümmert, weiß nicht einmal, ob es ihn überhaupt gibt . . . Was sollte er also von *mir* wollen?“ Bei dieser Vorstellung war mir in der Tat mehr als mulmig!

Wieder lächelte Elisabeth, sodass ich es schon bereute, ihr die ganze Sache anvertraut zu haben. „Ich glaube, Gott möchte dein Freund werden, wie er vor vielen Jahren mein Freund geworden ist. Du bist ihm wertvoll und er möchte nicht, dass du dein Leben mit Nichtigkeiten verbringst. Und so klopft er immer wieder bei dir an, bis du bereit bist, ihm wenigstens eine Chance zu geben.“

Ich zuckte mit den Schultern und Elisabeth fuhr fort: „Du kennst vielleicht die Geschichte von Samuel im Tempel? Gott rief ihn in der Nacht drei Mal. Samuel dachte jedes Mal, es sei der Priester Eli, der ihn da rief, und so rannte er zu Eli, um ihn zu fragen, was er wolle. Samuel erkannte die Stimme Gottes nicht – so wie du jetzt –, bis Eli ihm sagte, er solle nächstes Mal antworten: ‚Rede, Herr, denn dein Knecht hört.‘“

Wider Willen wurde ich neugierig auf den Ausgang dieser Geschichte, die so absolut nichts mit meiner Situation zu tun zu haben schien. „Und? Was passierte dann?“

Elisabeth schaute mich eindringlich an. „Gott hat Samuel in dieser Nacht zum Propheten über Israel berufen und hat ihn zeit seines Lebens in kraftvoller Weise gebraucht. Du siehst also vielleicht, Pia, dass ich mich freue, dass Gott zu dir geredet hat – auch wenn du es im Moment vielleicht nicht so nennen würdest. Aber wenn er dich nächstes Mal wieder ruft, tu mir – und vor allem dir selbst – einen Gefallen: Gib ihm eine Chance!“

34

Das Gespräch mit Elisabeth gestern Nachmittag hatte ja eine völlig andere Wendung genommen, als ich gehofft und erwartet hatte. Statt dass ich mehr Klarheit über meine Beziehung zu Jan bekommen hätte, hatte ich nun auch noch jede Menge Fragen wegen meiner Beziehung zu Gott!

Ich musste erst mal raus hier – an die frische Luft und weg aus diesem Gemäuer. Am besten ging ich eine Runde spazieren. Ich glaube, ich war heute auf der Station ungenießbar. Die Sache wuchs mir wirklich über den Kopf. Was war nur aus dem immer fröhlichen, lebenslustigen Mädchen geworden, das ich einmal gewesen war? Stattdessen war ich mürrisch und grüblerisch und wurde aus mir selbst nicht mehr schlau. Ich glaube, wenn Jan mich so erleben würde, hätte ich mit Sicherheit bald ein Problem weniger, denn er würde sich blitzartig „entlieben"! Bei diesem Gedanken musste ich richtig grinsen – wohl das erste Mal heute, wenn auch über meinen eigenen etwas anthrazit-grauen Humor.

Tja, was sollte ich davon halten? Ich meine, von einem Gott, der sich so indiskret in meine innersten Angelegenheiten einzumischen schien. Aber war das nicht sowieso alles Quatsch – die Projektion von Wünschen dieser ältlichen Schwestern? Ich meine, was hatten die denn auch sonst im Leben, wenn nicht ihren Gott? Wenn man ihnen auch den noch nähme, bliebe ihnen wohl nur die Klosterzelle mit ihren grauen Wänden, ein lächerliches Taschengeld und tausend verpasste Gelegenheiten im Leben. Denn wer will schon als alte Jungfer sterben? Ich jedenfalls ganz bestimmt nicht! Und doch hatten diese Holzhausener Schwestern etwas, was mir ja von Anfang an aufgefallen war und mich unheimlich anzog.

Einige von ihnen – hab ich läuten hören – waren vor ihrem Eintritt in den Orden auch gar nicht so arme Überbleibsel der

Gesellschaft. Mauerblümchen, wie man immer meint. Von Schwester Gisela habe ich zum Beispiel gehört, dass sie eine viel versprechende Schauspielerlaufbahn abgebrochen hat, weil sie sich von Gott berufen fühlte, und auch Schwester Veronika soll wohl die totale Karrierefrau gewesen sein. Hm. Also, wenn dieser Gott Leute bewegte, so große Dinge aufzugeben, musste er ja zumindest was zu bieten haben, was das alles aufwog. Gottes Liebe, sagten die Schwestern, sei besser als alles, was sie sich je wünschen könnten.

Ehrlich gesagt wurde mir dieses Wort „Liebe“ immer unheimlicher. Früher war alles so schön einfach . . . und jetzt, wo sowohl Jan als auch diese Schwestern hier dauernd von Liebe sprachen, geriet meine ganze wohl geordnete Welt ins Wanken. Mist war das alles! Ich wünschte, ich wäre gar nicht hergekommen . . . ich wünschte . . . Ach, was redete ich denn?!

Immer noch völlig genervt setzte ich meinen Schmuddelwetterspaziergang am Mainufer fort. Es wurde zwar schon dämmerig, aber egal! Ich brauchte jetzt erst mal Abstand – ja, vielleicht war das die Lösung: Weg von hier, weit, weit weg von hier und auch von Jan!

35

„Hallo, Pia!“

Erschrocken drehte ich mich um, denn es war inzwischen ganz schön dunkel und mir wurde erst jetzt bewusst, dass ich hier mutterseelenallein am Ufer spazieren ging. Nicht gerade der Augenblick, in dem man gerne von einem Mann überrascht werden möchte.

„Was machst du denn noch hier mitten in der Wildnis?“

Erleichtert atmete ich auf. Es war nur Mike – ein Mitarbeiter aus der Küche. Wir kannten uns nur flüchtig. So oft begegnete man dem Küchenpersonal nicht, obwohl wir ja unter einem Dach arbeiteten. Nur wenn mal ein Essen fehlte, kam es schon mal vor, dass man kurz selber in die Küche runtersprintete – oder wenn man sehen wollte, ob noch was Besseres übrig geblieben war als das, was bei uns auf der Station angekommen war. Ich kannte Mike also mehr oder weniger nur vom Namen her und von ein paar flapsigen Sprüchen, die manchmal zwischen uns hin und her geflogen waren. Aber nach blitzschnellem Nachdenken kam ich zu dem Schluss, dass man Mike wohl trauen konnte und war so ganz froh, nicht mehr allein weiterlaufen zu müssen.

„Und du?", fragte ich in betont witzelnder Weise zurück, denn ich wollte unbedingt meine Miesepeterstimmung von eben vertreiben.

„Ich wohne hier in der Nähe und wollte lieber noch mal raus, bevor ich den Abend vor der Glotze hänge." Wieder grinste Mike breit.

Der Typ schien immer bester Laune zu sein, egal zu welcher Tages- oder Nachtzeit man ihn traf und egal wie stark die Thermik um ihn herum auch war. Der Küchenstress schien völlig an ihm abzuperlen; ich hatte ihn bisher wirklich nur grinsend, pfeifend oder herumwitzelnd erlebt. Genau das, was ich jetzt brauchte! Eine kleine Aufheiterung aus meinem Trübsinnsgegrübel.

Wir gingen noch eine halbe Stunde weiter und quatschten über dies und das. Dabei erfuhr ich, dass sein Papa Engländer war und zur Army gehörte, die hier stationiert war. Seine Mutter war aber Deutsche. Mike sprach auch völlig akzentfrei. Ich erzählte ihm von Rendsburg und von Kiel – wohl wissentlich die heiklen Passagen meiner kleinen Odyssee umschiffend. Es war echt nett, mal wieder jemanden in meinem Alter zum Quatschen zu haben. Immer nur diese Nonnen – manchmal fühlte ich mich selbst schon um Jahre gealtert!

Nun fing es an zu nieseln und ich nahm dankbar an, als Mike mich noch auf einen Tee in seine Bude einlud. Ich war nämlich total durchgefroren. Insgesamt war ich wohl auch fast drei Stunden unterwegs gewesen! Ein klitzekleines bisschen regte sich zwar mein schlechtes Gewissen, aber wozu? Ich werde ja wohl noch ganz normal mit einem Kollegen reden dürfen, der zudem ganz augenscheinlich nichts von mir wollte. Oder?! Außerdem habe ich Jan ja nichts versprochen – rein gar nichts!

36

„Mit Zucker oder Milch?"

Mikes Stimme klang aus der Küche rüber.

„Nein, einfach nur schwarz, danke!", rief ich zurück und ging weiter interessiert durch sein Zimmer. Nett hatte er es hier – so eine Wohnung hätte mir wohl auch gefallen: 2 Zimmer, Küche, Bad. Dazu einen netten Balkon und das Ganze schön ruhig gelegen und nur einen Katzensprung bis zum Mainufer. Auch die Einrichtung gefiel mir – alles Sachen, die seine Eltern zurückgelassen hatten, als sie wieder nach England gegangen sind, wie ich später erfuhr. Ja, das passte. Alles hatte auch das Flair eines englischen Landhauses. Völlig untypisch für einen Junggesellen. Oder war Mike gar keiner?

Gezielt schaute ich mich nach Indizien einer eventuellen Freundin um. Und tatsächlich: Da auf seinem Regal stand neben einem Bild, das ihn mit seinen Eltern zeigte, wie ich annahm, auch ein Bild von einem Mädel. Nett sah sie aus: Dunkle Haare, dunkle Augen, ein paar Sommersprossen auf den Wangen und ein äußerst charmantes Lächeln. Geschmack hatte Mike – das muss man ihm lassen.

„Na, hast du es dir inzwischen gemütlich gemacht?"

Ich fuhr etwas erschrocken herum, weil ich Mike nicht hereinkommen gehört hatte. „Wie? Ach so, ja . . .", stotterte ich. „Ich hab mich ein bisschen umgeguckt. Hübsch hast du's." (Ich hoffte inständig, dass er meinen ausgiebigen Blick auf das

Foto seiner Schnalle nicht bemerkt hat – fühlte mich leicht ertappt.)

„Nur zu, nur zu. Hier gibt es sowieso nichts Geheimnisvolles außer vielleicht ein paar frommen Büchern."

Verdutzt schaute ich ihn an und traute meinen Ohren nicht.

Grinsend ergänzte Mike: „Tja, unsere lieben Schwestern sind halt nicht die einzigen frommen Leute im Club ... Ich denke, ich muss mich wohl auch so bezeichnen, wenngleich sich unser Werdegang" – wieder blitzten seine Augen vor Vergnügen – „in einigen Details unterscheiden dürfte."

Bam! Da war ich aber platt. Und außerdem ziemlich gespannt auf seinen „Werdegang", der ihn scheinbar so amüsierte.

Ich musste nicht lange bohren, bis Mike loslegte: „Also, ich war eigentlich immer ziemlich das Gegenteil von diesen Nönnchen: Unheimlich cooler Typ. Du weißt schon, Lederkluft, keine Fete ausgelassen, bis spät in die Nacht abgetanzt und morgens nicht aus den Federn gekommen. Meinen Eltern hat das damals gar nicht so viel ausgemacht – die hatten viel zu viel mit sich selbst zu tun, weil der Umzug nach England vor der Tür stand und Mum ihre ganzen Freundinnen nicht einfach so verlassen wollte. Darüber gab es jede Menge dicke Luft und überhaupt haben sie sich damals total oft gezofft. Na, mir war das ja ganz recht, so hatte ich meine Freiheit und konnte mit meiner Clique tun und lassen, was ich wollte.

Die anderen kriegten natürlich immer ziemlich Druck von zu Hause. Du weißt schon: ‚Wo gehst du hin? Wann kommst du wieder? Mit wem?' etc. Die alte Eltern-Leier eben."

Ich musste grinsen. Ja, das wusste ich wirklich. Was hatte Mama sich immer angestellt, wenn ich mal auf eine Fete wollte. Und selbst als ich schon 16 war, stand sie Punkt 23:00 Uhr hupend vor der Tür. Peinlich!!! Zum Glück bin ich eh nicht so ein Fetentyp gewesen, sodass mir diese Blamage meist erspart blieb. Habe aber doch immer die anderen beneidet, die dann irgendwann um 2 Uhr mit dem Rad nach Hause torkeln konnten. Nun ja, das nur am Rande ...

Mike erzählte weiter: „Ich hab mich auch voll wohl gefühlt in meiner Haut. In meiner Clique war ich so ziemlich der King. War auch als Erster motorisiert und habe natürlich immer dafür gesorgt, dass ich genügend PS unterm Hintern hatte. Mein Kumpel kannte da so seine Kniffe, um den Kisten ein bisschen auf die Sprünge zu helfen. Selbst damit bin ich immer durchgekommen. Zufälligerweise fuhr ich wohl gerade 40, wenn mal die Bullerei vorbeikam. Sozusagen rundherum Schwein gehabt.

Okay, in der Schule lief es nicht ganz so gut, aber bis zur Oberstufe konnte ich mich noch durchretten, und dann nahm ich einfach Englisch-Leistungskurs und hatte mir wieder meine Zwei zum Ausgleich gesichert, weil wir ja zu Hause eh fast immer englisch sprachen.

Bei den Mädels war ich" – hier grinste Mike etwas verlegen – „na, eben auch voll auf der Welle."

Auch ich musste grinsen und dachte mir meinen Teil. Bei mir wäre er als cooler Rocker-Typ bestimmt auf Granit gestoßen. Solche Ober-Coolen finde ich nämlich eher affig als alles andere. Nun ja, weiter im Text.

„Meine kleine selbst gezimmerte Welt kam erst ins Wanken, als es mich liebesmäßig so richtig erwischt hat. Christine war ein Mädel, dem ich sonst eigentlich gar keine Beachtung geschenkt hatte. Viel zu brav für meine Verhältnisse und überhaupt unterschied sie sich total von den Flammen, die ich sonst so hatte.

Jedenfalls fuhren wir am Ende des zwölften Jahrgangs zusammen auf Kursfahrt nach Berlin. Die meisten von uns waren ja schon 18, also hatten wir fast gänzlich freie Bahn. Na, und da hat es eben gebritzelt zwischen uns. Es hat mich voll umgehauen. Ich war ja kein unbeschriebenes Blatt in der Hinsicht, aber Chrissi war anders als alle anderen. Sie hat in mir ganz tief drinnen so was angerührt, was ich bis dahin immer als Schwäche abgetan habe und unter meiner coolen Hülle sorgsam versteckt hatte.

Der ewige Krach zwischen meinen Eltern zum Beispiel. Ich habe mir bis dahin nie eingestanden, dass mich das berührt. Aber irgendwie hat mich die ganze Lage doch völlig verunsichert. Chrissi war die Einzige, mit der ich über so was reden konnte. Inzwischen waren meine Eltern ja schon nach England aufgebrochen. Ich sollte nur mein Abi machen und dann nachkommen.

Da stand ich nun also mit allen erdenklichen Freiheiten, die sich ein 18-Jähriger nur wünschen kann: Eigene Wohnung, eigenes Auto, Eltern weit weg und trotzdem genug Knete in der Tasche, um ordentlich einen drauf zu machen. Meine Freunde beneideten mich total – aber mir fiel plötzlich auf, wie hohl das Ganze war. Ja, man konnte gut einen drauf machen mit den Jungs, aber kapiert haben die mit ihren netten heilen Familien doch überhaupt nichts! Ich war total einsam und fühlte mich beschissen. Selbst wenn ich mein Abi schaffen sollte – was mehr als fraglich war und dann nach England ginge. Was hätte ich dann da? Eltern, die sich ständig streiten, Großeltern und Tanten und so, die ich kaum kenne, und überhaupt bin ich doch hier aufgewachsen ...

Die Einzige, die mich in dieser Situation total verstand und bei der ich mich sogar ausheulen konnte, wenn mir danach war, war Chrissi. Ich hab mich völlig verändert in dieser Zeit – was die wenigsten von meinen Kumpels verstanden haben. Alle schoben das auf Chrissi – die nämlich zu allem Überfluss auch noch fromm war. Tja, und so stand ich bald auch noch ohne Freunde da.

Das wäre ja alles nicht so schlimm gewesen, wenn ich wenigstens mein Abi geschafft hätte. Aber die Kurve habe ich leider zu spät gekriegt. Chrissi ging nach München zum Studieren und so stand ich dann endgültig ganz alleine da und war wohl der fertigste Typ, den man sich so denken kann. – Willst du noch Tee?"

Etwas irritiert blickte ich auf. „Klar, danke." – Ich hatte es – außer bei den Schwestern – noch nie erlebt, dass jemand einfach so seine größten Schlappen auspackt. Ich meine, jeder versucht doch mehr oder weniger, vor anderen gut dazustehen, oder? Wer erzählt schon gerne, wie hohl es eigentlich in ihm aussieht?

Mike sah meine verwirrte Miene und grinste wieder sein gewohntes Küchenboy-Grinsen. „Wäre 'ne ziemlich üble Story mit ziemlich üblem Ausgang geworden, wenn Jesus nicht mit ins

Spiel gekommen wäre." Wieder grinste er und erzählte den Rest der Story: „Glaube war für mich bis dahin nie ein Thema gewesen. Selbst zwischen Christine und mir bis dahin nicht. Ich wusste zwar, dass sie irgendwie gläubig war und das hatte mich auch nie groß gestört. Aber es war eben ihr Ding und hatte mit mir nichts zu tun, sagte ich mir.

In München – denn wir führten ja jetzt eine Höchstens-alle-zwei-Wochenenden-Beziehung – schleppte Chrissi mich dann plötzlich mit zu dieser Jugendgruppe. Zuerst wollte ich zwar nicht, weil ich sie in der wenigen Zeit, die wir nun zusammen hatten, ganz für mich haben und nicht zwischen irgendwelchen Frömmlingen abhängen wollte. Aber dann trafen die voll ins Schwarze bei mir. Die redeten über Sinn des Lebens und all die Sachen, die mir im Moment echt zu schaffen machten. Außerdem fühlte ich mich total angenommen von denen. Ich meine, ich brauchte keine Show mehr zu spielen. In der Schule hatte ich doch sowieso meinen Stempel weg, aber hier konnte ich sein, wie ich war. Mit all den Fragen und all den Problemen, die ich so mit mir rumschleppte. Das tat mir voll gut.

Nur das mit der Bekehrung – das war mir nicht ganz geheuer. Ich beobachtete die Leute. Sie bezogen ihre Freude und ihre positive Einstellung ganz eindeutig aus ihrem Glauben. Ich fühlte mich auch echt wohl bei ihnen, aber mich selbst einem unsichtbaren Gott anzuvertrauen, an den ich bisher nie geglaubt habe . . . damit hatte ich unheimliche Probleme."

Ich nickte. Genau! Genau das war es, was ich im Moment empfand. Ich stand daneben und beobachtete die Schwestern. Die hatten was, was ich nicht richtig fassen konnte, aber deswegen gleich diesen Gott – von dem ich ja nicht mal wusste, ob er existiert – in meine persönlichen Sachen reinpfuschen lassen?

„Jedenfalls sagte mal jemand aus dieser Jugendgruppe: ‚Mike, weißt du, was du tust? Du stehst am Beckenrand und guckst zu, wie andere schwimmen und fragst dich, ob das Wasser wirklich trägt – aber du wirst nie erleben, dass das Wasser trägt, wenn du nicht reinspringst!' Das ließ mich nicht mehr los. Ich bin das Wochenende sogar früher nach Hause gefahren und hab mich hin und her gerissen gefühlt, bis ich dann endlich den Sprung gewagt habe."

Ich hörte gebannt zu, denn jetzt kam anscheinend die Auflösung des Knotens.

„An dem Sonntagabend lag ich auf meinem Bett und sagte: ‚Also gut, Gott. Ich will jetzt mit dir anfangen. Das, was bisher war, das war es nicht, das weiß ich. Vielleicht kannst du ja irgendwas aus mir machen.' Ganz einfach, aber was dann passierte, haute mich glatt um. Mir wurde ganz anders – so warm innendrin, und ich musste auf einmal losheulen wie ein Schlosshund. Ich lag da und heulte und heulte und plötzlich kamen mir alle möglichen Szenen in den Sinn, wo ich mich abgeschoben gefühlt habe oder wo ich echt Scheiße gebaut habe. Aber das Ganze war gar nicht mal unangenehm. Irgendwie hatte ich das Gefühl, dass das alles jetzt aus mir rausgeschwemmt wurde. Als ich nach Stunden (die müssen es wohl gewesen sein, denn es war inzwischen dunkel draußen geworden) endlich aufhören konnte zu heulen, war da diese Ruhe, diese Geborgenheit, die ich so lange nicht mehr empfunden hatte – eigentlich schon nicht mehr, seit ich ein ganz kleiner Junge war. Und ich wusste, alles wird gut."

Wieder grinste Mike und ich schluckte schnell ein paar Schluck Tee herunter, denn ich hatte einen gewaltigen Kloß im Hals. Zum Glück fiel das nicht auf, denn Mike fuhr fort: „Und es wurde wirklich alles gut. Auf sehr wundersame Weise schaffte ich mein Abi. Kriegte eine Zivi-Stelle in Würzburg. Denn inzwischen hatte ich mich entschieden, die deutsche Staatsbürgerschaft zu behalten und nicht nach England zu gehen. Tja, und seit einem halben Jahr sind Chrissi und ich verlobt ...", verliebt strahlte er – dachte ich's mir doch – zu dem Bild im Regal hinüber. „Wir wollen im Oktober heiraten."

„Ach, bist du nur übergangsweise bei uns in der Küche?", fragte ich, noch immer ganz bewegt von seiner Geschichte.

„Ja, das mache ich nur, um was in die Kasse zu kriegen, für die Hochzeit und so. Aber wenn alles klappt, will ich an die FH und Sozialpädagogik studieren. Chrissi ist dann hoffentlich fertig und kann mit Brötchen verdienen. Bisher hat alles so super geklappt, dann wird das jetzt auch klargehen, auch wenn da natürlich noch ein paar Fragezeichen offen stehen – denn Luft und Liebe ist bekanntlich nicht allzu nahrhaft."

So viel Optimismus möchte ich auch mal haben, dachte ich und in der Stille, die sich nun zwischen uns breit machte, drang das Ticken der Uhr an mein Ohr. Halb zehn.

„Ach du Schreck!", rief ich unvermittelt aus. „Ich habe morgen Frühdienst und muss um viertel nach fünf aufstehen. Ich muss unbedingt in mein Bettchen!"

„Oh Mann, da habe ich dich hier mit meiner ganzen Lebensgeschichte vollgelabert und du bist gar nicht zu Wort gekommen!", gab Mike bedauernd zurück. „Das müssen wir aber unbedingt nachholen. Hast du nicht demnächst mal Zeit? Dann kann ich dir auch meine Chrissi vorstellen. Ihr würdet euch bestimmt bestens verstehen, so wie ich die Sache einschätze . . ."

„Klar doch." Mike war zu nett, als dass ich mich überrumpelt gefühlt hätte. Bestimmt war seine Christine auch ein richtiger Schatz. Vielleicht kam ich ja drauf zurück – ein paar Freunde konnten mir in dieser mir immer noch sehr fremden Stadt sicher nicht schaden. Aber jetzt wollte ich jedenfalls schleunigst nach Hause. Außerdem gab es jetzt noch mehr, was ich erst mal verdauen musste.

37

„Du wirst nie erfahren, dass das Wasser trägt, wenn du nicht reinspringst!"

Unser Treffen war nun schon fast eine Woche her und trotzdem wollten mir diese Worte nicht aus dem Sinn. Wie sollte ich je erfahren, ob das, worüber die Schwestern und auch Mike sprachen, Realität war, wenn ich immer schön meinen Sicherheitsabstand einhielt? Auf der anderen Seite hatte ich Angst, dass in dem Becken, in das zu springen ich im Begriff stand, gar kein Wasser war!

Wieder und wieder beobachtete ich die Schwestern, mit denen ich zusammenlebte. Sie waren ungefähr genau das Gegenteil von Mike ... und trotzdem hatten sie auf geheimnisvolle Weise etwas gemeinsam. War das jetzt alles Unsinn? Oder interpretierte ich hier etwas über? Es war wirklich nicht so, dass mich hier irgendwer zu irgendetwas gedrängt hätte.

Mike hatte ich seit letzten Mittwoch nur ein einziges Mal gesehen und da war er voll am Ackern in der Küche, sodass es zu kaum mehr als einem „Hallo" kam. Und die Schwestern ließen mich ja sowieso gewähren. So war es abgesprochen und daran hielten sie sich. Selbst Elisabeth, die inzwischen ja tiefere Einblicke in mein Innenleben erhalten hatte, ließ mich total in Ruhe.

Aber Drängen war auch gar nicht nötig – ich selbst war wie getrieben, der Sache auf den Grund zu gehen. War dieser Glaube nun Spinnerei oder tragfähige Realität?

Und während ich so in meinem Zimmerchen stand und durch mein Dachfenster in den klaren Sternenhimmel blickte, fing ich halb unbewusst an zu beten:

„Also, wenn es dich gibt, Gott, und wenn du meinem Leben den Sinn geben kannst, den ich bisher vermisse, dann zeig dich mir – wie auch immer du das anstellen willst ..."

Erst als ich diese Worte vor mich hin gemurmelt hatte, fiel mir auf, dass dies ja wohl wirklich ein Gebet war. Ein Gebet an einen Gott, von dem ich nicht einmal wusste, ob er überhaupt existierte. Und trotz meiner Zweifel spürte ich plötzlich etwas, was ich schon seit langem nicht mehr gefühlt hatte: FRIEDEN.

38

Ein so spektakulärer Kick wie in Mikes Erzählung blieb allerdings bei mir aus. Die Tage dümpelten so dahin. Ich tat meine Arbeit, freute mich nach Feierabend an dem ersten Frühlingshauch, der das Schmuddelgrau ersetzte, aber ansonsten blieb alles beim Alten.

Fast jedenfalls. Ich war lange nicht mehr so aufgelöst und verwirrt wie vorher. Aber das konnte natürlich auch daran liegen, dass der Winter sich allmählich verabschiedete. Und ich ertappte mich immer öfter dabei, dass ich betete.

Ja: Genauso wie in meinem Zimmer sprach ich immer öfter mit Gott. Ich betete für die Genesung eines kleinen Jungen, der als Unfallopfer böse zugerichtet zu uns kam. Ich dankte Gott für die Natur – ja, ich betete sogar für solche Sachen wie: „Lass an meinem freien Tag schönes Wetter sein." Stets war ich ziemlich baff, wenn sich daraufhin wirklich etwas tat oder meine gebeteten Wünsche in Erfüllung gingen. Aber das alles konnte ja auch reiner Zufall sein.

Trotzdem empfand ich es als äußerst angenehm, so einen Ansprechpartner zu haben, der immer da war und der einem zuhörte, wann immer man das brauchte. Oder war das Ganze nicht wirklich die naive Wunschvorstellung eines einsamen Mädchens?

Allerdings stand ich mit diesem Traum ja nicht alleine da. Tausende – wenn nicht gar Millionen Menschen auf der Welt glauben ja an denselben Traum: Einen allgegenwärtigen wohlwollenden Gott. Da war ich also in ganz guter Gesellschaft. Und dass es bei einigen richtig radikale Veränderungen gab, seit sie sich an diesen Gott gewendet hatten, zeigte sich ja an Mike. Kaum vorstellbar, dass er noch vor zwei Jahren ein total fertiger Typ war, der alle möglichen zwielichtigen Sachen verzapft hat . . .

Aber mal ehrlich, was hätte ein guter Gott davon, sich mit solchen Typen wie uns – ja, wie mir – abzugeben? Meine Gedanken drehten sich mal wieder im Kreis und wieder einmal fiel mir der Satz ein, der mir aus Mikes Erzählung am meisten haften geblieben ist: „Wenn du immer nur am Beckenrand stehst, wirst du nie erfahren, dass das Wasser trägt."

39

Ich hab's gemacht – ich bin gesprungen, und das Wasser trug trotz äußerst kläglicher Schwimmversuche wirklich! Aber das erzähle ich am besten von Anfang an.

Also, ich hatte mal wieder schlecht geschlafen, weil ich wie so oft über die ungeklärten Fragen meines Lebens nachdenken musste (hört sich pathetisch an – war aber nun mal so). Ich war trotz meines freien Tages pünktlich um 5:15 Uhr wach und konnte nicht mehr einschlafen. Statt mich drüber zu ärgern, zog ich mich an und wollte eigentlich einen kleinen Morgenspaziergang machen. Ich liebte es zu sehen, wie die Stadt allmählich aufwacht.

Jedenfalls war ich gerade auf dem Weg nach unten, als ich den Schwestern begegnete, die gerade zu ihrer Morgenandacht gingen. Ob nun aus Neugier oder weil ich eh nichts Besonderes vorhatte, weiß ich nicht, jedenfalls änderte ich kurzerhand meine Meinung und schloss mich ihnen an.

Ich war etwas unsicher, ob ich überhaupt gern gesehen war, aber Schwester Elisabeth entdeckte mich sofort, kam strahlend auf mich zu und begrüßte mich herzlich.

Da saß ich nun also, gespannt, was da wohl kommen möge. Was dann kam, war nicht viel, aber es reichte, um mein ganzes Leben umzukrempeln, wie ich wohl annehmen muss: Nach einem Lied ging eine Schwester nach vorne und sprach über einen Text – war wohl aus der Bibel, nehme ich an, wo es heißt: „Gott liebte uns, als wir noch Sünder waren . . .“

Was Schwester Annegret genau dazu sagte, weiß ich gar nicht mehr, jedenfalls war dies für mich wie der Lichtschalter in einem dunklen Raum, wie die Entdeckung des „missing link“, des letzten Puzzleteils. Gott liebt uns, liebt mich – darum, und allein darum, kümmert er sich um mich und hört meinen kleinen unsicheren Gebetsversuchen zu.

Nach der Andacht sprach ich mit Schwester Elisabeth, die sich wieder einmal Zeit für mich nahm und schließlich auch mit mir betete. Und dann passierte es. Ich wusste, ich wollte nicht nur ein bisschen an Gott schnuppern, sondern ab sofort ganz und gar zu ihm gehören, was ich ihm dann auch sagte.

Plötzlich fielen mir allerdings einige Sachen ein, die Gott bestimmt nicht so toll fand an mir, aber Elisabeth meinte, das sei ganz normal und ich dürfe ihn einfach um Vergebung für die Dinge bitten und mich darauf verlassen, dass Gott dann alles vergisst und mir vergibt.

Mann, dass das so einfach war . . .

Jedenfalls fühlte ich mich jetzt richtig befreit und ich hatte auch, egal was die nahe oder ferne Zukunft bringen mag, ein gutes Gefühl. Ich meine, es konnte doch im Grunde nichts wirklich schief gehen, wenn der Schöpfer dieses Universums hinter mir stand, oder?

40

Die Sache mit Gott war keine Eintagsfliege. Jetzt war es schon einen Monat her, dass ich mit Elisabeth gebetet hatte, und ich war von Tag zu Tag mehr davon überzeugt, dass es der richtige Schritt war, sich „Gottes Mannschaft“ anzuschließen. Meine Tage waren auf einmal so . . . so sinnvoll, und in den kleinsten

Dingen, die ich sonst nicht einmal wahrgenommen habe, sah ich auf einmal das Wohlwollen meines neuen „Chefs".

Ja, wirklich: Der Gesang der Vögel, das Lächeln der sterbenskranken Oma auf Zimmer 19 (sie hat übrigens auch eine Bibel auf ihrem Nachtschrank liegen), der sternenklare Himmel ... Ja, vor allem die Weite des Universums sagte mir auf einmal ganz deutlich, dass es einen Schöpfer geben *musste*, der alles erfunden hat und im Lot hält.

Schön zu wissen, dass ich mit ihm per du bin – ist doch genial, nicht?

41

Frust und Verwirrung hatten mich wieder ...

Es war so toll die letzten drei Monate. Endlich ergab alles Sinn. Mein Beruf, zum Beispiel. Es ist doch total was anderes, ob man Krankenschwester ist, um seine Brötchen zu verdienen oder ob man das Ganze für Gott tut. Da war endlich der Sinn hinter dem Tun, den ich immer gesucht hatte.

So weit, so gut. Aber irgendwie hatte ich das Gefühl, dass ich *mehr* wollte. Ich wollte irgendwo richtig dazugehören. Hatte in den letzten Wochen die Schwestern noch genauer beobachtet und auch regelmäßig ihre Andachten mitgemacht.

Von Anfang an hatte ich ja gemerkt, dass sie etwas hatten, was mir – und allen, die ich kenne, abging. Ich hatte das damals auf ihr „Aussteigertum" zurückgeführt. Das hatte ja auf jeden Fall was Schrilles – mit oder ohne Gott. Ich meine, auch extreme Ökofreaks verzichteten ja auf allen möglichen Konsum. Aber nun merkte ich, dass es mehr war: Die Schwestern gehörten dazu. Sie waren nicht allein, sie waren Teil einer Gemeinschaft, eines Ganzen.

Als ich so darüber nachdachte, konnte ich mir auf einmal sehr gut vorstellen, auch aus dem „normalen Leben" auszusteigen und ganz und gar bei ihnen dabei zu sein. Natürlich kam mir da zunächst einmal die Frage des Zölibats in den Sinn. Wäre ich denn wirklich bereit, mein Leben lang solo zu bleiben – keine Zärtlichkeit, kein Sex, keine Kinder?

Aber dann kam mir die Kiste mit Jan in den Sinn. Unsere Beziehung – so nett sie auch zu Anfang war – artete ab dem Zeitpunkt in Stress aus, wo wir nicht mehr „nur Freunde" waren. Mal ehrlich: Seitdem habe ich so viel gegrübelt und auch so viel geheult wie noch nie in meinem Leben. Soll das nun die Erfüllung sein? Natürlich war der Augenblick wie ein Feuerwerk, als ich in Jans Armen lag und er mich so stürmisch geküsst hat. Aber das Feuerwerk war leider genauso schnell verpufft, wie es entzündet wurde, und zurück blieb nichts als stinkender Qualm und ein Haufen Müll – wie am Neujahrsmorgen.

Hörte sich fies an, aber war doch wahr! Also, ich glaubte inzwischen immer mehr, dass ich auf solche komplizierten Beziehungskisten durchaus verzichten konnte. Und was die Zärtlichkeiten anging – da gab es in meinem Beruf und in der Gemeinschaft der Schwestern vieles, was dieses Defizit wettmachte. Ein freundliches Wort zum Beispiel, eine hilfreiche Hand zur rechten Zeit, eine gute Andacht, die bei mir genau ins Schwarze trifft, ein Lächeln an einem grauen Tag . . . das waren ja auch alles Streicheleinheiten für die Seele, oder? Wenn sie auch nicht körperlich spürbar waren, waren sie doch zumindest ebenso viel wert.

Kurzum: Ich ging zu Schwester Elisabeth und fragte sie, was man machen muss, um Diakonisse zu werden. Ihre Reaktion jedoch warf mich fast aus der Bahn. Statt eines freudigen Aufschreis, einer herzlichen Umarmung (konnten sie nicht wirklich froh sein über Nachwuchs? Der Orden ist ja schließlich mehr als nur ein wenig überaltert!), sagte Elisabeth zunächst längere Zeit gar nichts.

Dann begann sie behutsam, aber sehr gründlich, meine Motive abzuchecken, die zu diesem Entschluss, dem Orden beitreten zu wollen, geführt hatten. *Okay*, dachte ich. *Sie können natürlich nicht jeden Hans und Franz, der mal eben daherkommt, ruckzuck aufnehmen.* Ich dachte, wenn ich ihr aber meine Überlegungen auseinander setze, so versteht sie sicher, dass das keine Teenie-Ideen sind, sondern eine Sache, die ich mir gründlich durch den Kopf gehen lassen habe. Aber Pustekuchen!

Ich konnte gar nicht fassen, was Elisabeth daraufhin sagte: „Mädchen, dies ist eine Sache, die mehr als wohl überlegt sein will. Sei mir nicht böse, aber du bist einfach noch nicht lange genug dabei, als dass man dir eine so weit reichende Entscheidung zutrauen könnte.“ Sie machte eine kleine Pause und guckte mich über den Rand ihrer Brille abschätzend an. Ich fühlte mich wie ein Schulmädchen, das bei einem dummen Streich erwischt wurde. Dann fuhr sie fort: „Was hältst du davon, wenn du eine Zeit lang in dein altes Umfeld zurückkehren würdest? Wenn sich zeigt, dass dein Entschluss auch in deiner alten Umgebung tragfähig ist, könnten wir noch einmal über die Sache nachdenken, ja?“

Elisabeth musste wohl gesehen haben, dass mich diese Antwort völlig überrumpelt hat und ich ernsthaft mit den Tränen kämpfte. So setzte sie erklärend hinzu: „Sieh mal: Du wohnst jetzt fast ein halbes Jahr bei uns. Dieses Haus ist wie eine fromme Insel.“ Mit einem Lächeln fuhr sie fort: „Ja, wir, die wir uns für diesen Weg entschieden haben, haben uns eine kleine Insel der Abgeschiedenheit geschaffen, um nicht mehr als nötig mit den Belastungen von außen kämpfen zu müssen.“ Wieder sah sie mich eindringlich an, bevor sie fortfuhr: „Du magst es vielleicht nicht für möglich halten, aber auch wir Diakonissen sind angreifbar und es ist nicht immer leicht, zu dem Entschluss zu stehen, selbst keine Familie zu haben, wenn Tag für Tag all die glücklichen Liebespaare an dir vorbeischlendern.“

Wieder sah ich die Schwester sprachlos an. Nein, ich hatte wirklich nicht geahnt, dass dieses Thema für eine fast 60-Jährige noch von Bedeutung sein könnte.

Ich hing an ihren Lippen, als Elisabeth fortfuhr: „Die Dosis an Familienglück, die wir im Krankenhaus ständig erleben, ist wohl gerade das, was wir so eben verkraften." Nun lächelte sie mich an und zwinkerte mir selbstironisch zu, bevor sie wieder etwas ernster fortfuhr: „Aber du? Nein, du musst – so Leid es mir tut, dich als Mitarbeiterin für eine Zeit zu entbehren – erst einmal mitten hinein ins volle Leben, glaube ich. Sonst hättest du später sowieso das Gefühl, alles verpasst zu haben. Nur wer wirklich weiß, was er aufgibt, kann sich vollen Herzens für ein Leben in der Schwesternschaft entscheiden."

Punkt! Das war er dann wohl, der vernichtende Schlusskommentar zum Thema „Pia wird Diakonisse". Aber andererseits ... vielleicht war es wirklich nicht schlecht, die Sache in meinem alten Umfeld zu überdenken. Umso sicherer wäre ich dann wohl in meinem Entschluss. Aber wo war mein „altes Umfeld"? Rendsburg oder Kiel? Eine kleine, recht unwillkommene Stimme in meinem Hinterstübchen flüsterte mir „Kiel" zu, was die Sache noch unangenehmer machte.

Kleinlaut fragte ich Elisabeth, wie lange denn so eine Trennungszeit sein müsste. Mitfühlend, aber bestimmt sagte sie: „Ich denke, ein Jahr würde vorerst genügen."

Peng! Ein Jahr! Jetzt war es wirklich aus mit meiner Fassung. Wie ein Häuflein Elend saß ich da in der Bank der kleinen Kapelle, heulte los und konnte einfach nicht mehr aufhören. Endlich dachte ich, „es" gefunden zu haben und nun dieser ... ja, es war wirklich ein Rausschmiss, oder? Elisabeth schien meine Verzweiflung zu spüren, setzte sich zu mir und hielt mich einfach fest, bis ich mich wieder einigermaßen im Griff hatte.

„Du musst natürlich nicht gehen – wir behalten dich nur zu gern bei uns. Wenn du meinst, noch nicht reif dafür zu sein, aus dem Nest gestoßen zu werden, dann bleib doch einfach noch ein bisschen, bis ... Na ja, und vielleicht überlegst du dir die Sache auch so noch einmal ..."

Immer noch schniefend nickte ich. „Nein, ich will es wagen. – Ich meine, ich geh nach Kiel zurück. Aber ich glaube nicht, dass das etwas an meinem Entschluss ändert!" In einem hoffnungslos missglückten Versuch zu lächeln, schaute ich auf.

Elisabeth drückte mir liebevoll beide Hände und sagte. „Dann also: Gott mit dir, Mädchen – wir werden täglich mit unseren Gebeten bei dir sein.“

Etwas ermutigt und immer noch schniefend stand ich auf, ging in mein Zimmer und fing an, meine Sachen zu packen.

42

Tja, ich hatte wohl das Los radikaler und plötzlicher Wendungen im Leben gezogen ... Jedenfalls saß ich keine drei Tage nach unserem Gespräch im Zug gen Norden.

Solche Sachen wie Kündigungsfristen oder Ähnliches nahmen die Schwestern wohl nicht so genau, wenn es um persönliche Dinge geht. Jedenfalls konnte Elisabeth meinen Wunsch, die Zeit in Kiel möglichst rasch in Angriff zu nehmen, total gut verstehen. In einem Gottesdienst gestern Abend hatten die Schwestern mir noch einmal offiziell ihren Segen mitgegeben. Das gab mir irgendwie das Gefühl der Sicherheit, obwohl mal wieder alles, was vor mir lag, so nebulös schien.

Und heute Morgen, als ich mich von Elisabeth verabschiedet habe, gab sie mir diese kleine blecherne Anstecknadel: Ein Kreuz in einem Kreis – das Zeichen der Diakonie, das hier alle Schwestern trugen. Sie sagte, ich solle es mitnehmen und täglich tragen und mir jedes Mal beim Anblick dieser Brosche die Frage stellen, ob ich wirklich die dazugehörige Diakonissentracht auch tragen wolle.

Unauffällig tastete ich nach der kleinen Brosche an meiner Bluse – *ja, ich glaube, es wäre mir nichts lieber als das ...*

43

Diese Zugfahrt erinnerte mich so wahnsinnig an meine Herfahrt letzten August! Wieder starrte ich aus dem Fenster und war mir nicht sicher, ob ich lachen oder weinen sollte. Wieder dieses flaue Gefühl in der Magengegend, wieder das absolute Fragezeichen, was mich am Ziel der Reise erwarten würde.

Natürlich fuhr ich zunächst mal nach Rendsburg. Dann galt es, meine Wohnung zurück zu ergattern. Immerhin, das Wohnungsproblem dürfte nicht so groß sein wie vor knapp einem Jahr. Arbeitssuche, Mutters lästige Fragen ... Wieder entfuhr mir ein langer Seufzer.

Die kreuzworträtselnde Frau in meinem Abteil guckte schon etwas irritiert, aber sehr mitleidig zu mir hinüber. Ich musste mich wohl beherrschen ... Eigentlich hatte sich doch kaum etwas geändert in diesem Jahr, oder? Wenn man es nach der Menge der ungelösten Fragen beurteilte zumindest nicht.

Wieder einmal wanderte meine Hand zu der kleinen Blechbrosche hin. Da wusste ich wieder, dass sich doch Erhebliches geändert hatte in diesem einen Jahr. Unabhängig von der Frage, ob ich nun der Schwesternschaft beitreten würde oder nicht, wusste ich doch, dass ich Gott jetzt persönlich kannte. Er würde schon wissen, wohin er mit mir wollte – auch wenn ich selbst nicht die blasseste Ahnung hatte.

Beruhigt lehnte ich mich in meinem Sitz zurück, blickte aus dem Fenster auf die vorbeiziehenden Bäume und dann auf den herrlich blauen Himmel und auf einmal wusste ich es: *Was auch kommt – ich bin nie mehr allein!*

44

„Mensch, Pia, was machst du denn hier?"

Verblüfft schaute ich von meinem Hosenständer auf, den ich so verzweifelt nach etwas Passendem durchstöberte. Es war Sonja, eine ehemalige Klassenkameradin von mir, die mich breit angrinste. Auch ich musste grinsen, denn nach der Anonymität, die in Frankfurt geherrscht hatte, tat es unglaublich gut, mal wieder einfach so und rein zufällig jemanden zu treffen, den man kannte.

„Ich bin gerade aus Frankfurt zurückgekommen, wo ich fast ein Jahr gearbeitet habe und bin jetzt für ein paar Tage bei meinen Eltern untergeschlüpft. Nächste Woche geht es allerdings schon weiter nach Kiel."

Sonja guckte erstaunt. „Frankfurt, Kiel – du scheinst ja gut rumzukommen! Was hattest du noch mal gemacht . . . war es nicht Hebamme oder so?"

Sonja und ich haben uns wirklich seit der Schule völlig aus den Augen verloren, obwohl wir damals eigentlich ganz gut miteinander ausgekommen sind. Schade eigentlich, wie ich jetzt fand.

„Krankenschwester", korrigierte ich sie. „Hebamme wollte ich zuerst werden, aber dazu musste man 18 sein. Also habe ich umgeschwenkt auf Krankenschwester. Und du?"

„Ich bin fein brav hier in Rendsburg geblieben – ziemlich langweiliger Lebenslauf, muss ich wohl sagen: Ich hab eine Lehre als Bankkauffrau gemacht und seitdem bin ich hier bei der Sparkasse." Wie entschuldigend fügte sie schulterzuckend hinzu: „Was soll's? Eigentlich gefällt mir der Job im Großen und Ganzen richtig gut." Dann lächelte sie wieder so, wie ich sie von früher kannte. „Aber lass uns doch zu Cortina gehen und ein Eis essen, dann können wir ein bisschen weiterquatschen – wir haben uns ja echt ewig nicht gesehen", schlug sie dann vor.

„Geht klar", nickte ich. „Bis auf die Sache mit dem Eis. Diese elenden Hosen haben mich gelehrt, dass ich mich gefälligst mal am Riemen reißen muss, wenn ich in den nächsten Jahren noch durch die Türen passen will. Vor Frankfurt hatte ich Größe 36 und nun sitzt selbst 38 voll knackig!"

Sonni lachte, denn derlei Probleme schienen ihr allzu vertraut – bis auf die Tatsache, dass sich das Schauspiel bei ihr zwischen den Größen 42 und 44 abspielen dürfte.

Fröhlich schwatzend setzten wir uns also in Richtung Eiscafé in Bewegung. Da fiel mir auf einmal auf, wie sehr ich diese Art Begegnung in den letzten zehn Monaten vermisst hatte. Einfach nur so ohne Anspruch mit jemand *Gleichaltrigem* durch die Straßen schlendern und mehr oder minder Belanglosigkeiten austauschen. Nichts Dolles – aber so wohltuend!

In Frankfurt hatte ich ja bis auf die Schwestern und meine Arbeitskolleginnen kaum Kontakte gehabt. Okay, ganz zum Schluss habe ich mich zweimal mit Mike und seiner Chrissi getroffen, die auch wirklich fürchterlich nett war. Aber die Zeit war einfach zu kurz, um daraus eine richtige Freundschaft werden zu lassen. Und außerdem wollten die beiden ja bald heiraten und hatten bestimmt Besseres vor, als ständig mit Klein-Pia im Schlepptau loszuziehen. Na, und die Schwestern waren eben steinalt. Lieb und nett zwar, aber eher wie meine Omis.

Wieder wanderte meine Hand zu Elisabeths kleiner Blechbrosche und ich zweifelte das erste Mal, ob ich es wirklich ertragen könnte, all diese Dinge, die für andere Mädels meines Alters normal sind, für immer aufzugeben . . . und stattdessen ein Leben hinter dicken Mauern mit einem Haufen alter Omis zu verbringen.

Da wurde ich plötzlich aus meinen Gedanken gerissen, denn Sonni guckte mich ganz erwartungsvoll an, als ob sie eine Antwort von mir erwartete. „Du träumst ja am helllichten Tage", lachte sie und nahm mir meine offensichtliche Unaufmerksamkeit zum Glück nicht krumm. „Ich habe gefragt, ob du morgen Abend schon was vorhast. Wäre doch nett, wenn wir uns noch mal sehen könnten, bevor du wieder abhaust."

„Klaro – aber morgen Abend wollten meine Eltern mit Margit und mir essen gehen. Wie wär's mit übermorgen?"

„Geht nicht – da habe ich Hauskreis."

Das Wort kam mir gleich irgendwie so fromm vor, wenn ich auch nicht genau sagen konnte, was ein Hauskreis wohl sein mochte. Ich machte ein fragendes Gesicht und Sonni erläutert: „Wir treffen uns freitagsabends bei Schröders, einem jungen Ehepaar aus unserer Gemeinde, und lesen zusammen in der Bibel. Dann sprechen wir über die Texte, singen und beten zusammen ..."

Diese Beschreibung ihres Hauskreises hätte mich vor ein paar Monaten sicher mal wieder in meiner Meinung bestätigt, dass Christen unheimlich öde Leute sind. Jetzt dagegen war mein Interesse voll geweckt, was Sonni wiederum sehr beglückte.

Kurz und gut: Wir verabredeten uns für Freitagabend, um gemeinsam zu diesem ominösen Bibeltreff zu gehen. Zufrieden mit der Wendung der Dinge schlürfte ich meinen Eiskaffee aus und schlenderte allein zurück zu meinem frustrierenden Hosenkauf, der mir jedoch jetzt gar nicht mehr so überragend wichtig erschien.

45

Mann, das war ja richtig super! Der „öde Bibeltreff" entpuppte sich als 15-köpfige Ansammlung von jungen Leuten, die mindestens so begeistert von ihrem Glauben redeten wie Mike und Chrissi!

Pudelwohl habe ich mich gefühlt unter so vielen Gleichgesinnten und zudem *Gleichaltrigen* – obwohl ich ja nur Sonni kannte. In Frankfurt hatte ich mich oft als eine Art Exotin gefühlt zwischen all diesen Diakonissen. Die hatten ganz einfach andere Probleme als ich mit meinen gerade mal 21 Jahren. Oder hatten die überhaupt noch welche? – Probleme, meine ich. Ist mir jedenfalls nie aufgefallen. Sie waren immer so gleichförmig nett und fast unnahbar heilig. Dagegen kam ich mir schon etwas merkwürdig vor mit all meinen kleinen bis mittelschweren Fragen und Zweifeln.

Aber diese Leute hier, die verstanden mich nicht nur, die beschäftigten sich sogar mit den gleichen Sachen wie ich! Zum Beispiel mit Fragen wie: Wie soll es für mich beruflich weitergehen? Was sagt Gott dazu? Was sagt Gott zu meiner Freizeitgestaltung? Wie wichtig sollte man sein Aussehen nehmen? Lauter lebensnahe Sachen halt.

Ich war ja immer total sportlich, aber in Frankfurt hatte ich mich richtig hängen lassen, was die Waage mir jetzt mit acht Zusatzkilos bestätigte. Ächz! Unter den Diakonissen waren Dinge wie Schönheit oder Idealgewicht wirklich nie ein Thema gewesen. Aber nun, wo meine Schwester Margit mich bei meiner Ankunft prüfend in den Po gekniffen und witzelnd gemeint hatte: „Fast schlachtreif!" (sehr witzig!!!), mache ich mir doch so meine Gedanken. Wenn man Christ ist, heißt das doch wohl nicht, dass man nur noch beten und alle anderen Bereiche total verschlampen lassen soll, oder? Nee, denn Gott hat ja auch unseren Körper geschaffen – und das ziemlich genial!

Und genau über solche Sachen redeten die Leute hier ganz offen. Der Abend war wie eigens für mich gemacht. Schon stark, dass ich Sonja getroffen hatte und wir ausgerechnet auf diesen Abend zu sprechen gekommen sind. Und sie mich gerade an dem Abend mit zum Hauskreis genommen hat, wo dort meine brandaktuellsten Fragen behandelt wurden. War doch wirklich ein komischer „Zufall", nicht? Oder *war* das Ganze vielleicht sogar extra für mich gemacht – ein kleines Willkommensgeschenk, ein Zeichen, dass Gott mich nicht vergessen hatte?

46

Schnell waren die Rendsburger Tage auch schon wieder um. Am nächsten Tag wollte ich nach Kiel fahren. Michaela hatte schon meine Wohnung geräumt; sie hatte sowieso gerade vor, zu ihrem neuen Freund zu ziehen. Den kannte sie zwar erst einen Monat, aber sie war überzeugt, dass es diesmal was „richtig Ernstes" war, wie sie mir erstaunlicherweise am Telefon gleich erzählt hatte. Nun ja, sollte sie halt machen. Blieb zu hoffen, dass sie Recht hatte mit ihrer Einschätzung!

Auf jeden Fall hatte ich dann meine Wohnung wieder. Es machte mich richtig kribbelig, denn morgen sah ich ja eventuell schon Jan!

Eigentlich wollte ich ja gar nichts mehr von ihm. Aber immerhin waren wir vor unserem „kleinen Zwischenfall" mal richtig gute Freunde. Warum sollte ich mich also nicht auf ein Wiedersehen freuen?

47

Kiel!

Der Bahnhof, die Innenstadt, die Busfahrt zur Beseler Allee . . . All das weckte eine Flut von Erinnerungen in mir. Zumeist gute – denn hier hatte ich doch eigentlich eine schöne Zeit verbracht. Frisch von zu Hause ausgezogen . . . das erste Mal auf eigenen Füßen . . .

Man kann wirklich nicht behaupten, dass ich in meiner Kieler Zeit Trübsinn geblasen hätte – und doch, jetzt wo mich die Linie 1 mit meinen zwei mächtigen Koffern unwiderruflich der

Beseler Allee entgegenfuhr, mischte sich in die angenehmen Erinnerungen zunehmend Unsicherheit. Wie würde ich wohl meine Wohnung vorfinden? Ob Michaela auch vernünftig sauber gemacht hatte, bevor sie ausgezogen war? Oder erwartete mich gleich das totale Chaos? War sie mit meinen Möbeln einigermaßen pfleglich umgegangen? ... Aber wenn ich ehrlich war, war es eigentlich gar nicht Michaela, die mir dieses flaue Gefühl im Magen verschaffte.

„Kielä Gelährtenschulä!“ Die Stimme des Busfahrers erinnerte mich daran, dass ich zwei Stationen weiter vor meiner Wohnungstür ausgespuckt werden würde.

Beseler Allee 30. Dort, wo unterm Dach Jan wohnte. Dort, wo wir uns das erste und einzige Mal geküsst hatten. Dort, wo ich die nächste Zeit wohnen würde! Vielleicht guckte er ja zufällig aus dem Fenster, vielleicht brachte er gerade seinen Müll runter und vielleicht standen wir uns gleich gegenüber ...

„Beselä Allee, jemand aussteigän?“, dröhnte es aus dem Lautsprecher.

Also, auf in den Kampf!

48

Es war wie ein „déjà vu“ – nur andersrum. So musste es Jan damals auch gegangen sein: Ich stand vor der Tür und es stand ein anderer Name dran. Nicht bei mir. Bei Jan. Er war weg! Eine Irmhild Meyer wohnte jetzt da. Mit allem Möglichen hatte ich gerechnet. Mit stürmischen Umarmungen, mit peinlichem Schweigen, ja, sogar mit Tränen oder einer kaltblütigen Abfuhr. Aber nun das.

„Hallo, Pia. Gut, dass du endlich da bist – komm, ich helf dir mit den Koffern ...“ Es war Michaela, die mir ahnungslos-fröhlich entgegenkam. „Ich habe leider nicht viel Zeit. Gleich kommt mein Schatz und holt mich ab. Meine Klamotten habe ich schon drüben bei ihm."

Mit diesen Worten schob sie mich durch die Tür der Wohnung, die nun wieder meine sein würde. Sie erklärte mir, dass der Kühlschrank 'ne Macke hatte und sie deswegen schon mit dem Vermieter gesprochen habe und dass sie sich bemüht hätte, alles sauber zu kriegen, aber die Duscholux sei trotzdem noch verkalkt und . . . und . . . und . . .

Wie in Trance stand ich da und hörte die Sätze durch mein Hirn fluten. Auch Blumen hatte sie mir hingestellt. War ja nett eigentlich. Ich bedankte mich ziemlich unemotional.

„. . . Also, hier sind die Schlüssel . . . der Briefkasten klemmt auch, aber sonst ist wohl alles heil geblieben."

Ich versuchte ein verkrampftes Lächeln.

Es klingelte.

„Das ist mein Süßer – also, man sieht sich. Und danke für die Wohnung, es hat alles so gut geklappt für mich. Dann mal tschüs!"

Und weg war sie.

Ich murmelte ihr noch ein „Tschüs, mach's gut" hinterher und schloss die Tür hinter dem turtelnden Pärchen. Und während ich so im Zimmer stand, wanderte meine Hand automatisch zu der kleinen Blechbrosche an meinem T-Shirt. Immer noch halb benommen dachte ich: *Gott traut mir wohl nicht zu, dass ich bei Jan standhaft bleibe und hat schon mal Vorsorge getroffen, wie?*

49

Nun war es schon zwei Wochen her, seit ich wieder nach Kiel gekommen war. Und ich musste sagen, nachdem der erste Schock überwunden war, gefiel mir die Aussicht, *nicht* mehr genau unter Jan zu wohnen, gar nicht so schlecht. Von den Schlüters über mir hatte ich erfahren, dass er vor einem Monat – also Ende April – hier ausgezogen war. Sie wüsste aber nicht wohin, setzte Frau Schlüter mit einem bedauernden Schulterzucken hinzu.

Das Mädel, das jetzt oben wohnt, ist eine Sekretärin und wohl die Nichte des Maklers oder so (Beziehungen muss man haben . . .) und weiß auch nichts über Jans Verbleiben.

Nun ja. Das war's dann wohl. Es hat sich ausgejant. Eigentlich habe ich genau das ja immer gewollt – sonst hätte ich ihm wohl längst mal schreiben können. Ich könnte also 100 % zufrieden sein, so wie es jetzt ist. Es erleichtert mir vor allem, bei meinem Entschluss zu bleiben, Diakonisse zu werden. – Wieder glitt meine Hand zu dem kleinen Stück Metall aus Frankfurt. Ich hatte es doch ganz ernst gemeint mit meinem Entschluss und den wollte ich mir sowieso nicht von einem Jan oder von sonst wem durchkreuzen lassen. Es war also sehr fürsorglich von Gott, dass ich nicht mehr im gleichen Haus mit Jan wohnen musste.

Ja, wirklich. Ich sollte zufrieden sein mit meiner Situation.

50

Das Glück war mir hold . . .! Ich hatte ab 1. Juli eine Superstelle – so hoffte ich jedenfalls – in der Parkklinik. Das Uniklinikum war mir sowieso zu groß. Da wollte ich auch gar nicht mehr so gerne hin. Aber man durfte bei dem derzeitigen Arbeitsmarkt natürlich nicht so wählerisch sein. Als die Arbeitsamts-Tante mir diese Stelle in der Parkklinik anbot, habe ich natürlich sofort zugeschlagen.

Das Vorstellungsgespräch lief dann auch super. Die kleine Klinik mit hauptsächlich Privatpatienten und vielen Belegbetten von diversen Frauenärzten war sehr angenehm gelegen an einem kleinen Park mit Ententümpel, zehn Minuten mit dem Fahrrad von meiner Wohnung und gleich neben der Schwimmhalle: besonders praktisch! Es stimmte einfach alles bisher. Nun hoffte ich nur, dass auch das Schwesternteam nett war. Aber auch da hatte ich eigentlich keine Bedenken.

Ich war doch ein richtiges Glückskind. Alles lief so glatt, seit ich aus Frankfurt zurück war. Eine ganz nette Kirche – soweit man das auf den ersten Blick feststellen konnte – hatte ich auch schon entdeckt: Ich war die letzten drei Sonntage in der Anskar-Kirche gewesen und fand die Gottesdienste dort sehr gut. Ganz anders als das, was ich von früher her so kannte. Am letzten Sonntag hatte mich sogar ein Mädchen in meinem Alter angesprochen und mich zu meiner großen Verblüffung dann auch gleich zum Essen zu sich mitgenommen. Wir hatten den ganzen Nachmittag geklönt. Das war richtig nett gewesen.

Anke – so heißt sie – arbeitete im Kindergottesdienstteam mit und hat mich gefragt, ob ich mir das nicht auch vorstellen könnte. Ich wollte es mir mal überlegen – vielleicht gar keine schlechte Idee, fand ich. Auf jeden Fall wollten wir uns bald wieder treffen. Sie ging auch gerne schwimmen, aber ungern alleine. Alles passte so super zusammen. Ich war richtig happy!

51

Gestern habe ich Lisa wieder getroffen. Aber das war ziemlich enttäuschend. Komisch, dass wir uns mal so nahe gestanden haben. Jetzt schienen Welten zwischen uns zu liegen.

Wir hatten uns zufällig beim Einkaufen getroffen und waren dann zusammen einen Kaffee trinken gegangen. Zur Feier des Wiedersehens quasi. Aber Lisa hat mir die ganze Zeit nur von ihrem neuen Freund Lars erzählt und von Klamotten und wie hässlich sie die neuen Modefarben findet und dass man ja keine vernünftigen Sachen mehr kaufen könnte. Als Lisa sich dann auch noch ausgiebig über Absatzformen und Lacklederjacken auslassen wollte, warf ich schnell ein: „Und was ist sonst so passiert, seit ich weg war?"

Ich hoffte, vielleicht doch noch etwas über Jans Verbleib herauszufinden. Aber Lisa legte nur von neuem los und klagte theatralisch, dass in Kiel ja wie immer rein gar nichts passiere.

„Eine neue Disko hat im Cap eröffnet, ist aber nichts Dolles – Lars und ich waren schon da . . ." Aber plötzlich wurde Lisa dann wohl doch meine zunehmende Schweigsamkeit bewusst; sie knuffte mich wie in alten Zeiten in die Seite und meinte: „Aber jetzt quatsch ich dich hier voll – was ist denn so in Frankfurt los gewesen? Was hast du die ganze Zeit dort getrieben? Warst ja auf einmal verschwunden und kein Mensch wusste wohin."

Auf der einen Seite ermutigte mich ihre offensichtliche Vertraulichkeit, aber auf der anderen Seite war ich erst mal etwas sprachlos. Sollte ich Lisa etwa erzählen, dass ich nach drei Monaten verzweifelter Wohnungssuche aus Versehen bei einer Lesbierin gelandet war? Dass ich anschließend in eine Art Kloster gezogen war und eigentlich die ganze Zeit nichts weiter gemacht habe, als zu arbeiten, allein zu sein und ab und zu einer Ordensschwester mein Herz auszuschütten? *Ora et labora*, gewissermaßen. Würde Lisa es verstehen, wenn ich ihr von meiner Suche nach innerem Frieden oder gar von Gott erzählen würde? Was würde Lisa wohl gar davon halten, wenn ich ihr erzählte, dass ich mit dem Gedanken spielte, mich der Schwesternschaft anzuschließen? – Sie würde als passendes Outfit für mich wahrscheinlich eine dieser netten weißen Jacken vorschlagen, die reichlich lange Ärmel haben, damit man diese gut und sicher auf dem Rücken verschnüren kann . . .

Nein, Lisa war die Letzte, der ich das auf die Nase binden würde. Aber mal ehrlich: Ich hatte noch gar niemandem davon erzählt – außer Anke andeutungsweise –, aber die konnte überhaupt nichts damit anfangen. Ich hatte ein bisschen Schiss, von allen für verrückt erklärt zu werden. Hätte ich selbst noch vor ein paar Monaten ja auch getan. Jemand, der die Schwestern nicht kannte, konnte das wohl echt nicht nachvollziehen . . .

Schulterzuckend sagte ich schließlich: „Na, ich hab halt da gearbeitet – brauchte einfach mal einen Tapetenwechsel."

Als Lisa und ich uns kurz darauf verabschiedeten, merkte ich, dass mich mit Anke, die ich gerade erst kennen gelernt hatte, mehr verband als mit dieser alten Freundin.

Lisa hatte sich wohl total verändert . . . oder ich?

52

„. . . und zum Abschluss danken wir allen unseren lieben Mitarbeiterinnen, die uns geholfen haben, diese Kinderbibelwoche zu gestalten und die dazu beigetragen haben, dass es ein voller Erfolg wurde. Ich denke, im Namen aller Kinder sprechen zu können, wenn ich sage: Es war spitze!"

Die wohlwollenden Worte unseres Pastors und viele freundliche Händedrücke begleiteten Anke und mich aus dem Kirchenschiff.

Ja, es war wirklich toll gewesen. An die 50 Kinder hatten wir jeden Tag. Ich konnte zwar nicht immer dabei sein, weil ich ja arbeiten musste, aber trotzdem war ich voll im Mitarbeiterteam integriert. Wir hatten viel gesungen, gebastelt, Geschichten mit Handpuppen erzählt . . . Es hat total Spaß gemacht. Die Kinder hatten so klasse mitgemacht und hingen zum Teil wie die Kletten an mir. Natürlich war diese Woche auch anstrengend gewesen neben der Arbeit im Krankenhaus. Aber diese paar Wochen hatten mich mehr erfüllt als alles, was mir bisher begegnet war. – Ja, sogar mehr als mein Beruf, den ich immer noch sehr liebte.

Es war einfach prima, sich von der Begeisterung dieser Kleinen anstecken zu lassen, sie mit hineinzunehmen in die geheimnisvolle Welt der Handpuppenstücke. Zu sehen, wie sie mit weit aufgerissenen Augen mit dem kleinen Schaf zitterten, das sich verlaufen hatte, wie sie riefen, um es vor dem bösen Wolf und dem Löwen zu warnen, die es fressen wollten ... Oder auch mitzuerleben, wie Kinder beten: So einfach – so unkompliziert – so voller Glauben! Oder zu trösten, wenn jemand hinfällt – wie gestern Jasmin, die rückwärts von der Schaukel gefallen war. Sie kam einfach weinend zu mir gerannt, kroch ganz selbstverständlich auf meinen Schoß und kuschelte sich in meine tröstenden Arme. Irgendwie ein gutes Gefühl ...

Schweigsam ging ich zurück nach Hause. Diese Woche war so glücklich gewesen, so ausgefüllt mit den kleinen Freuden und Problemchen dieser Kinder, dass ich gar nicht dazu gekommen war, mir Gedanken um mich selbst zu machen.

Aber nun war sie vorbei und ich war wieder allein mit mir. Ich starrte vor mich auf den Weg und wusste plötzlich, dass mir das nicht reichte. Ja, ich hatte mich entschieden, mit Gott zu leben und das auch voll und ganz. Genau dieser Wunsch hatte mich ja dazu bewegt, in den Diakonissenorden eintreten zu wollen. Aber spätestens diese Woche hatte mir klargemacht, dass mir das nicht reichen würde. Ich könnte hinter den alles dämpfenden dicken Ordensmauern nie glücklich werden. Ich brauchte das Leben um mich herum – Action, Kinderlachen. Diese Woche hatte die graue Decke, die sich seit einiger Zeit auf mich gelegt hatte, einfach weggerissen. Endlich wusste ich, was ich wollte: Ich wollte mit Kindern arbeiten, und ich wollte Kinder – *eigene* Kinder!

Mit einer längst schon unbewusst gewordenen Handbewegung griff ich an die kleine Blechbrosche, die ich seit fast drei Monaten ununterbrochen mit mir herumgetragen hatte. Doch diesmal öffnete ich die kleine Nadel und nahm sie ab. Die seltsame Last, die mich seit Wochen bedrückt hatte, ließ ich jetzt mit einem kleinen blechernen Scheppern auf den Bürgersteig fallen.

53

Hastig kam jemand hinter mir hergelaufen. „Entschuldigen Sie – ich glaube, Sie haben da eben was verloren . . ."

Eine Hand streckte mir die kleine Blechbrosche entgegen und zwei völlig verdutzte, aber wohl bekannte Augen blickten mich sekundenlang an, bevor der Mensch fortfuhr: „. . . und ich glaube, ich habe was gefunden!"

Es war Jan!

Genau ein Jahr hatten wir uns nicht gesehen. Seit drei Monaten lebte ich wieder in dieser Stadt und wir waren uns nicht ein einziges Mal begegnet bis gerade jetzt!

Ein unsicheres Lächeln streifte mein Gesicht. „Hallo!"

Wie angewurzelt standen wir voreinander – man merkte, wie sich bei jedem von uns tausend Gedanken überschlugen, bevor Jan schließlich sagte: „Hast du gerade was vor? Ich wohne jetzt in der Georgstraße – keine drei Minuten von hier."

Ich ging mit. Konnte es immer noch nicht fassen. Wir haben die ganze Zeit nur zwei Straßen voneinander entfernt gewohnt und sind uns nie begegnet! Ich hatte schon damit gerechnet, dass Jan es wie ich gemacht hat und erst mal aus Kiel weggezogen wäre – dabei waren wir quasi immer noch Nachbarn. So gut wie jedenfalls. Ohne es zu wissen!

Jetzt, wo wir ein Ziel hatten und nicht mehr nur dastanden, um uns anzustarren, als hätten wir noch nie zuvor ein anderes Wesen der Spezies Homo sapiens getroffen, fiel es uns plötzlich leicht zu reden. Wir gingen in seine neue Wohnung – eine 3er-Männer-WG, alles Agrarstudenten, wie ich später erfuhr – und redeten und redeten. Fast so, als hätten wir uns erst gestern das letzte Mal gesehen.

Ich hatte mir tausend verschiedene Szenen ausgedacht, wie es wohl sein würde, Jan wieder zu sehen. Meine Phantasie hatte von herzzerreißenden Romeo-und-Julia-Schmachtszenen bis hin zu einem kaltschnäuzigen „Guten Tag und tschüs“ gereicht. Aber nie hatte ich mir unser Wiedersehen so vorgestellt, wie es nun tatsächlich war: freundschaftlich, warm und total wohltuend. *Fast ein bisschen wie nach Hause kommen*, dachte ich und lächelte in meine Teetasse.

54

„Wollen wir uns wieder mal in der Mensa treffen?“

Es war schon später Nachmittag geworden und ich hatte heute Nachtdienst, musste also nach Hause.

„Klar, warum nicht ... Wie wäre es mit Dienstag?“, fragte ich, sichtlich erleichtert, dass Jan wohl wirklich daran interessiert war, zunächst meine *Freundschaft* zurückzugewinnen. War wohl auch besser so.

Jan brachte mich zur Tür. „Also bis Dienstag um eins“, sagte er, nahm meine Hand in seine und ich dachte: *Jetzt kommt's* – aber nichts da. Jan schaute mir nur noch einmal tief in die Augen, lächelte und ließ mich gehen. Schade – und zum Glück.

Auf einem wolkenweichen Bürgersteig schwebte ich nach Hause. Gottes Wege sind wirklich sehr wundersam manchmal – oder?

55

„... und ich liebe sie immer noch!“, murmelte Jan seufzend vor sich hin.

Seit Monaten, genau genommen seit seinem letzten Brief im

Februar, hatte er sich fest vorgenommen, nicht mehr an Pia zu denken. Okay, er hatte ihr geschrieben, er würde ihr Zeit lassen, aber dieses Mädel ließ sich nun wirklich Zeit! Als die Wochen zu Monaten wurden, ohne dass er etwas von ihr hörte, stellte er sich allmählich der nüchternen Wahrheit, dass er die Sache wohl vergessen müsse, wenn er nicht völlig durchdrehen wollte. Dieses Warten – diese Ungewissheit, die machten ihn noch ganz verrückt. Und sauer! Reichlich unfair fand er es von Pia, ihn so hinzuhalten! Inzwischen hätte er es fast lieber gehabt, sie hätte ihm auf seinen Februar-Brief ein klares „Nein!" zurückgeschickt. Aber ihre Antwort blieb aus.

Es machte sich wohl keiner gern zum Idioten – doch genauso war er sich vorgekommen. Wie ein Blödmann hatte er ihr von seiner Liebe erzählt ... ohne Antwort. Vielleicht war Pia gar nicht die Nur-tolle-Superfrau, zu der sie zwischenzeitlich in seinen Träumen geworden war? Dass sie ihn so im Ungewissen ließ, war jedenfalls einfach nur unfair zu nennen.

Doch so sehr Jan sich auch bemüht hatte, nicht mehr an Pia zu denken, es ging nicht. Der erste Schritt war sein Auszug aus der Beseler Allee gewesen. Diese Wohnung erinnerte ihn einfach zu stark an ihre gemeinsame Zeit. Jan war also heilfroh gewesen, als ein Kumpel ihm dieses WG-Zimmer vermittelt hatte. Es war nicht nur um Längen billiger, er hatte auch nette neue Leute kennen gelernt und konnte nicht mehr so sehr seiner Einsamkeit und seinem Trübsinn frönen. Er hatte über seine Mitbewohner auch einige nicht uninteressante Vertreter des weiblichen Geschlechts kennen gelernt. Doch so sehr er sich auch gewünscht hatte, sich wieder zu verlieben ... es ging nicht! Immer fand er irgendwas an den Mädels, das er nicht mochte. Und wenn er ehrlich war, musste er feststellen, dass er jegliche weibliche Bekanntschaft an Pia maß.

Ein bisschen Befriedigung hatte ihm allerdings wenigstens der Gedanke gegeben, dass *er* jetzt derjenige war, der sang- und klanglos verschwunden war. Wenn ihn mal wieder so richtig die Wut überkam, weil Pia sich nicht meldete und er trotzdem unfähig war, sie zu vergessen, tröstete er sich mit der Vorstellung, dass sie irgendwann doch zurückkommen würde und dann wäre *er* einfach nicht mehr da!

„Da kann sie dann mal sehen, wie *angenehm* das ist!", hatte er oft gedacht, wenn es ihm auch schwer fiel, nicht auf Zeichen zu achten, ob sie schon wieder da war.

Anfangs war er regelmäßig an ihrer Wohnung vorbeigegangen, in der Hoffnung, dass diese Michaela schon ausgezogen war. Aber irgendwann hatte er damit aufgehört. Und jetzt waren sie sich plötzlich begegnet. Rein zufällig. Und dabei war Pia schon seit drei Monaten wieder da.

Jan musste grinsen. Sie hatte zwar nicht direkt gefragt, warum er ihr keine Nachricht hinterlassen hatte, aber sie schien doch reichlich verunsichert. Während Jan gemächlich das Teegeschirr abräumte, dachte er an ihren Abschied zurück. Richtig sehnsüchtig hatte sie ihn angeguckt! Und erwartungsvoll! Aber nix da! Natürlich wäre er ihr gerne um den Hals gefallen, aber er hatte sich beherrscht und sie mit einem warmen Händedruck abgespeist.

„Diesmal nicht, Pialein – nicht mit mir! Diesmal lass ich dich ein bisschen zappeln!", murmelte er lächelnd vor sich hin, während er das Teegeschirr ins Seifenwasser tauchte.

56

Es war wirklich wie in alten Zeiten. Ganz in alten Zeiten, meine ich. Jan und ich gingen zusammen essen, schwimmen, spazieren ... und bis auf ein leises bis mittelschweres Knistern passierte nichts zwischen uns. Gar nichts!

Ob er wohl Schiss hatte, dass ich ihn wieder sitzen ließ, wenn er mir näher kam?

Zuerst war ich ja ganz begeistert, dass Jan sich so am Riemen riss und mir nicht gleich um den Hals fiel, aber allmählich fragte ich mich, wohin es mit uns beiden gehen sollte. Ich wusste nicht, was Gott darüber dachte, weil ich glaubte, dass Jan mit dem Glauben nicht viel am Hut hatte, doch langsam aber sicher machte sich in mir der Wunsch breit, dass aus dem leisen Knistern mal eine Art Explosion werden sollte. Ehrlich! So hielt ich es nicht mehr viel länger aus. Ich war wie ein verliebter Teenie – dachte an kaum etwas anderes mehr. Träumte nachts von Jan – und in meinen Träumen gingen wir nicht nur spazieren!

Ob er mich wohl nicht mehr attraktiv fand, weil ich so zugenommen hatte? Ich versuchte ja schon abzuspecken, aber am Eisladen kam ich nun mal so schwer vorbei. Aber seiner ewigen Liebe, wie er mir mal geschrieben hatte, sollten ein paar Kilo doch eigentlich keinen Abbruch tun, oder?

Hm, nur – was war es dann?

Morgen würden wir uns wieder sehen. Diesmal aber nicht mitten am Tag wie sonst, sondern wir wollten uns zusammen die Abendvorstellung im Kino angucken. Ein Schmalzfetzen. Mal sehen, was draus wird.

57

Ich hab mir natürlich die Augen ausgeheult – wie jedes Mal im Kino. Vor allem zum Schluss, als er stirbt, um sie zu retten, konnte ich mich nicht mehr beherrschen. Saß schniefend in diesem Kinositz aus abgewetztem rosa Samt, als Jan auf einmal seinen Arm um mich legte. Es durchfuhr mich wie lauter heiße Nadeln und ich schmiegte mich an ihn, immer noch schniefend. Jetzt aber eher aus Freude als aus Rührung über den Film.

Als die Lichter angingen, hatte Jan mich noch im Arm und ließ mich auch nicht mehr los, als wir uns schweigsam in Richtung Beseler Allee bewegten. Wir redeten wenig, gingen einfach Arm in Arm nach Hause, als hätten wir das schon immer so gemacht.

Ich genoss den Augenblick – vielleicht würde er so schnell nicht wiederkommen. Vor meiner Wohnung angekommen, wollte ich Jan wirklich noch nicht gehen lassen. Also war ich froh über seinen Vorschlag, noch einen Abstecher in den alten Botanischen Garten zu machen.Wir stiegen auf den efeubewachsenen Turm. Ein wirklich malerisches Gemäuer. Wie geschaffen für romantische Abende zu zweit.

Der sternenklare Himmel über uns war fantastisch. An das alte schmiedeeiserne Gitter gelehnt stand ich da und ließ meinen Blick über die mondbeschienene Förde gleiten. Jan stand dicht hinter mir und hielt mich mit beiden Armen, während sein Kinn auf meinem Kopf ruhte. Ich konnte seinen Herzschlag fühlen. Einen Tick zu schnell für diese ruhige Nacht.

Eine wohlige Gänsehaut rann mir den Rücken runter, als er anfing, meine Haare zu streicheln und zu küssen. Seine Lippen wanderten an meinem Hals entlang in Richtung Mund, während ich mich langsam zu ihm umdrehte. Die Welt um mich begann zu verschwimmen, als ich seine Lippen auf meinen spürte.

Doch plötzlich hielt er inne und blickte mir in die Augen. „Ich liebe dich noch immer, Pia“, sagte er schlicht.

„Ich liebe dich auch“, erwiderte ich, und nach einer kleinen Pause, „. . . immer noch“, und ich wusste, dass ich endlich aufgehört hatte, mich selbst zu belügen.

58

„Ich frage dich, Christine Ohlert, willst du diesen hier anwesenden Michael Sparks als deinen angetrauten Ehemann lieben und ehren, in guten und in schlechten Zeiten, bis dass der Tod euch scheidet, so antworte mit ‚Ja, ich will‘.“

Der Kloß in meiner Kehle wuchs bei diesen Worten des Pfarrers ins Unermessliche. Gleich würde ich sicher meine vorsorglich eingepackten Tempos brauchen. Auch Jan hatte schon ganz feuchte Hände und lauschte gebannt der Zeremonie. Hochzeiten haben ja sowieso etwas Bewegendes. Und dies war nun mal die erste Hochzeit, die ich an Jans Seite verbrachte.

Verstohlen schielte ich durch meinen Tränenschleier zu ihm rüber und klammerte mich noch fester an seine Hand. Auch Jan wendete sich zu mir und sein Blick sagte mir, dass er genau das Gleiche dachte wie ich: *Werden wir dieses „Ja, ich will" auch einmal nachsprechen?*

Ich konnte mir kaum etwas Schöneres vorstellen. Ich liebte Jan und wollte immer bei ihm sein. Er war so sanft und tief. Oft brauchte ich gar nicht zu erklären, was ich dachte oder fühlte, weil ich genau wusste, er fühlte dasselbe und verstand auch ohne Worte, wie ich's meinte.

Aber wir hatten natürlich nicht nur tiefsinnige Momente miteinander. Die Wochen, die wir nun zusammen waren, waren total ausgefüllt gewesen. Jan hatte mir zum Beispiel das Surfen beigebracht. Er selbst hatte ein Brett und das andere hatte er sich von einem Kommilitonen geliehen. So waren wir jede freie Minute am Strand. Zuerst war ich natürlich mehr im Wasser als auf dem Brett. Habe mich wohl ganz schön blöd angestellt. Aber Jan war total geduldig und ist immer wieder mit mir im seichten Wasser rumgedümpelt, hat mich angefeuert und ermutigt, bis ich endlich meine erste Wende hinkriegte.

Inzwischen traute ich mich sogar schon ein bisschen weiter raus. Es war gigantisch, so über die Wellen zu fetzen. Hatte keinen Moment Schiss – auch bei mehr Wind nicht –, denn Jan war ja da. Und das nicht nur beim Surfen.

Wenn Jan da war, konnte einfach nichts schief gehen – so fühlte es sich jedenfalls an. Ich liebte es, mich in seine durchtrainierten Arme zu kuscheln. Sich endlich anlehnen können – wie hatte ich dieses Gefühl vermisst! Und das war wahrlich nicht das Einzige, was ich in der Zeit vor Jan vermisst hatte. Wenn ich bedachte, dass ich vor gut einem Monat noch Nonne werden wollte . . .! Ich wäre wahrscheinlich irgendwann vor Sehnsucht wahnsinnig geworden oder ausgetreten.

Ob Elisabeth das wohl geahnt hat, als sie mich für ein Jahr zurück in mein altes Umfeld schickte? Ich denke, sie hat viel mehr gecheckt, als ich ihr zugetraut habe. Auch meine Suche nach Gott beziehungsweise Gottes Suche nach mir hat sie ja vor mir erkannt. Ich habe ihr übrigens gleich einen Brief geschrieben, als Jan und ich uns wieder getroffen hatten. Damals hatte ich ja schon beschlossen, nicht dem Orden beizutreten. Aber die neueste Neuigkeit, dass Jan und ich nun wirklich zusammen waren, hatte ich ihr noch nicht geschrieben.

So war ich zugegebenermaßen etwas nervös, als wir hier in Frankfurt ankamen. Aber Mike hatte zum Glück keine der Schwestern zu seiner Hochzeit eingeladen. Also konnte ich hier mit Jan seelenruhig und unbeobachtet Händchen halten.

Ich fand es ja sowieso ganz schön nett, dass er uns beide überhaupt eingeladen hatte. Dabei kannten wir uns ja kaum. Gerade als ich mit Mike und Chrissi richtig warm geworden war, war ich auch schon auf und davon. War es wirklich schon fast vier Monate her, seit ich Frankfurt den Rücken gekehrt hatte? Die Zeit mit Jan verfliegt wie ein Traum!

Nun sangen sie gerade das Schlusslied: „Und ein dreifach Band zerreißet nie . . .“

Tja, das mit dem „dreifachen Band“ ist wohl der einzige Schönheitsfehler an unserer Beziehung. Mit Jan über Gott zu reden, das habe ich mich bisher nicht getraut. Hatte Angst vor seiner Reaktion. Aber was soll's? Nobody is perfect.

59

„Darf ich bitten?"

Es war der Bräutigam persönlich, der strahlend vor mir stand und mich zum Tanzen aufforderte. Zuerst war ich etwas unsicher, ob ich meine bestenfalls mäßigen Tanzkünste hier zur Schau stellen sollte . . . aber egal! Die Tanzfläche war eh proppevoll und so fiel es gar nicht auf, dass der Tanzkurs, den ich als Mädchen von zarten 15 Jahren absolviert hatte, nicht die glorreichsten Früchte getragen hatte.

„Nun seid ihr ja endlich glücklich vereint, Chrissi und du. Waren die letzten Wochen stressig für euch?", begann ich das Gespräch. Denn wer wusste, ob ich bei 90 Gästen noch mal so nahe an Mike rankommen würde.

„Och, es ging so", gab er mir immer noch grinsend zurück. „Aber du hast uns ja ganz schön überrascht mit deinem Anhang. Hast ja nie ein Sterbenswörtchen verlauten lassen über Jan. Und jetzt taucht ihr auf einmal im Doppelpack auf. Ts, ts, ts." In gespielter Entrüstung schüttelte er den Kopf. „Ihr müsst uns unbedingt mal besuchen kommen, wenn wir von der Hochzeitsreise wieder da sind, ja?"

Ich nickte nur. „Logisch" – zu viel Reden brachte mich aus dem Rhythmus. Ich war Mike sowieso schon zweimal auf die Füße getreten.

„Wo habt ihr euch denn überhaupt kennen gelernt – in deiner neuen Gemeinde?", fragte er munter und ziemlich indiskret weiter.

Seine Frage gab mir aber aus anderem Grund einen Stich ins Herz: Für ihn war wohl ziemlich klar, dass Christen nur mit Christen „Rudel bilden" – oder wie sollte ich das verstehen? Allein die Vorstellung, mit Jan in einer Kirchenbank zu sitzen (außer bei Hochzeiten und Kindstaufen – die zählen ja nicht), erschien mir schon völlig abwegig.

Warum, konnte ich auch nicht genau sagen. Das Thema „Glaube“ war eben absolut keins zwischen Jan und mir. Nicht, dass es ein bewusstes Tabu gewesen wäre ... Er wusste ja immerhin von meiner Mitarbeit beim Kindergottesdienst. Aber er dachte wohl, es ginge mir dabei vor allem darum, mit Kindern zusammen zu sein. Dass für mich die Sache erheblich mehr bedeutete, hatte ich ihm noch nicht gesagt. Irgendwie spürte ich, dass das unsere bislang unbeschwerte und schöne Beziehung total belasten würde.

Auf der anderen Seite wünschte ich mir natürlich schon sehr, dass ich diese tiefste Erfahrung meines Lebens auch mit Jan teilen konnte. Ich hätte so gern mal mit ihm gebetet. Oder mich mit ihm zusammen gefreut, wenn ich gerade mal wieder etwas besonders Tolles mit Gott erlebt hatte. Bisher hatte ich das alles für mich behalten und kam mir sogar manchmal richtig verräterisch Gott gegenüber vor.

Mike hatte mit seiner unschuldigen Frage also voll in ein Wespennest bei mir gestochen. Zum Glück war der Tanz aber jetzt vorbei und ich speiste ihn mit einem oberflächlichen „Nein, wir kennen uns schon länger“ ab.

Zurück auf meinem Platz grinste Jan mir frech entgegen: „Na, vor unserer eigenen Hochzeit müssen wir aber unbedingt noch einen Tanzkurs machen, was?“

Etwas platt über diesen Quasi-Heiratsantrag griff ich ihn am Arm und schleppte ihn mit einem „Nicht lästern – besser machen!“ auf die Tanzfläche.

60

Oktober, November ... die Wochen vergingen wie im Fluge. Jetzt war schon der 5. Dezember und ich erinnerte mich beim Aufwachen plötzlich daran, wie Jan mir vor zwei Jahren diesen

Stiefel vor die Tür gestellt hatte. Wir waren zwar noch nicht zusammen damals, aber ich wusste noch genau, wie sehr ich mich über dieses kleine Liebeszeichen gefreut hatte.

Halb verschlafen streckte ich mich und kroch aus den Federn. Der kalte Fußboden verwandelte meine Füße in Sekundenschnelle in Eisklumpen. Draußen war schon reger Betrieb. Es war ja auch schon 13 Uhr – also Zeit zum Nach-der-Nachtschicht-Brunch.

Hunger hatte ich eigentlich aber keinen, also setzte ich mir nur einen Kaffee auf und kroch mit ein paar Filzresten, Nadel und Faden zurück ins mollig warme Bett. Mal sehen, ob sich nicht ein kleiner Nikolausstiefel daraus machen ließ . . .

61

Heute nach dem Spätdienst habe ich noch klammheimlich den kleinen gefüllten Filzstiefel an Jans Tür gehängt. Hoffentlich klaute den keiner. Auf Zehenspitzen und Socken schlich ich mich, voll befriedigt von meiner Nikolausaktion, davon.

Als ich zu Hause ankam, stand da auch schon ein kleiner roter Stiefel vor meiner Tür. Ich musste grinsen über die Tatsache, dass wir beide die gleiche Idee gehabt hatten – oder hatten Schlüters den hier aufgestellt? Eigentlich durfte ich ja erst morgen nachschauen, was drin war, aber ich konnte meine Neugier einfach nicht bezwingen. So schaffte ich es gerade noch, mir die Stiefel von den Füßen zu streifen, bevor ich mich neugierig wie ein kleines Kind an den Inhalt des kleinen roten Plastikstiefels machte.

War natürlich lauter Schleckerkram wie in meinem – aber da: Ganz in der Spitze steckte noch ein kleiner Briefumschlag. Eine Mini-Bärchen-mit-Weihnachtsmann-Mütze-Karte und etwas winzig kleines in Geschenkpapier Eingepacktes kam zum Vorschein, als ich den Briefumschlag öffnete.

Liebe Pia!
Du bist besser als Weihnachten, Ostern und Geburtstag auf einen Schlag.
Das Beste, was mir je passiert ist.
Ich liebe dich
dein Janolaus

Lächelnd streichelte ich das kleine Kärtchen, als könne sein Verfasser diese Berührung spüren, bevor ich mich an das kleine Geschenk machte. Es war ein Ring. Ein sehr schöner, silberner, s-förmig geschwungener Ring. Als ich ihn aufstreifte, war mir ganz komisch. Auch wenn dieses kein schlichter Goldring mit Gravur drin war. Es war immerhin ein Ring. Und zwar einer von Jan.

Während ich meine Jacke abstreifte und meine Arbeitsklamotten ablegte, blieb mein Blick fast ununterbrochen auf dem kleinen Stück Silber an meiner linken Hand haften.

Dann warf ich mich rücklings auf mein Bett, lächelte die weiße Raufaserdecke meines Zimmers an und stellte zufrieden mit mir und meiner Welt fest: „Ich bin wahnsinnig glücklich!"

62

„Drrrring! . . . Drrrring! . . . Drrrring!"

Gähn! Etwas verstimmt über das blöde Telefon, das mich aus den süßesten Träumen gerissen hat, schwang ich mich aus meinem Bett. Hauptsache, dieses schreckliche Klingeln hörte auf! Dabei hatte ich gerade irgendetwas Nettes geträumt.

Aber da hatte ich auch schon den Hörer ergriffen und gähnte ein halb verschlafenes, halb ärgerliches „Hallo?" in die Muschel.

„Hi, Pia, ich habe dich doch hoffentlich nicht geweckt, oder?"

Meine Laune besserte sich sprunghaft, als ich Jans Stimme hörte. „Doch, hast du, aber macht nichts. Von dir lass ich mich doch gerne wecken ...", gab ich zurück.

„Ich rufe so früh an, weil ich mit dir frühstücken wollte. Hab gerade Brötchen gekauft und dabei einen süßen Nikolausgruß vor der Tür gefunden." Man hörte Jans Stimme an, dass er sich drüber gefreut hatte. „ Das war ja lieb von dir. Hast du den etwa selbst gemacht?"

Erst jetzt war ich richtig wach, denn mein Blick fiel wieder auf meine linke Hand, an der noch immer sein Ring blinkte. „Ja, hab ich, aber das ist natürlich gar nichts gegen den Stiefel, den ich gestern vor meiner Tür gefunden habe ... Der Ring ist echt total schön. Danke", sagte ich und schickte ihm gleich noch ein Küsschen dazu durch den Hörer.

„Gefällt er dir wirklich? Ist ja klasse. Ich hab mich auch schwer genug getan, was Passendes zu finden", freute sich Jan. „Also, was ist, darf ich meine kleine Nikoläusin gleich zum Frühstück erwarten?"

„Klar – in zehn Minuten bin ich da, ja?"

Katzenwäsche, anziehen und ab zu Jan ... So ein Frühstück zu zweit war doch bei weitem eine nettere Aussicht, als diesen trüben Tag allein zu verbringen. Einen Moment lang huschte mir sogar die Vorstellung durch den Kopf, wie herrlich es erst wäre, jeden Morgen neben ihm aufzuwachen ... Kein garstiges Telefonklingeln, das einen weckt, keine kalten Hände und Füße am frühen Morgen, weil man sich noch vor dem Frühstück aufs Rad schwingt ... Einfach sich im Halbschlaf umdrehen und an ihn kuscheln ... In seinen Armen aufwachen und dann ... An diesem Punkt stoppte ich lieber meine blumige Phantasie, denn mir kamen Chrissis Worte in den Sinn.

Bei einem unserer Treffen, als Mike gerade aus dem Zimmer gegangen war, hatte ich mich laut gewundert, warum sie eigentlich noch nicht zusammengezogen waren, denn Mikes Wohnung war echt nett und außerdem bei weitem groß genug für zwei. Damit habe ich Chrissi wohl ein bisschen verlegen gemacht, ohne es zu ahnen, denn nach einem kleinen Zögern offenbarte sie mir, dass Mike und sie mit dem Sex bis zur Ehe warten wollten und auch erst dann zusammenziehen würden.

„Wow!", hatte ich damals gesagt. „Ich dachte, so was gibt's heute nicht mehr, dass sich jemand bis nach der Hochzeit aufspart ... Obwohl das ja wohl nur bei dir der Fall ist, denn Mike hat mir ja schon von seiner bewegten Vergangenheit erzählt ..."

Chrissi hatte mir das Ganze dann auch erklärt und meinte, Gott hätte ganz bestimmt nichts gegen Sex – er hat ihn sich ja schließlich ausgedacht –, aber er hätte sich das wohl im Rahmen einer sicheren, verbindlichen Beziehung gedacht. So eine körperliche Vereinigung sei zu besonders, um das einfach mal so zwischendurch mit irgendwem zu machen ...

Also, so ganz habe ich ihre Begründung nicht nachvollziehen können, aber irgendwie fand ich das schon stark, dass sie und Mike ihren Glauben so ernst nahmen, dass sie sich über zwei Jahre beherrschten. Vor allem von Mikes Seite, denn der wusste ja nur zu gut, worauf er da verzichtete. Ich habe noch nie was derartig Schrilles gehört! Eigentlich dachte ich, die Spezies der unbefleckten Jungfrau sei längst ausgestorben – ab einem gewissen Alter jedenfalls. Obwohl – nun ja, wo wir schon dabei waren – bei mir war es ja auch noch nie über die Gürtellinie hinausgegangen. Aber das lag nur an einem akuten Mangel an geeigneten Partnern und keineswegs an irgendwelchen moralischen oder religiösen Überzeugungen. Und außerdem hatte ich meine Noch-Jungfräulichkeit bisher eher als leicht peinlichen Makel begriffen – ich meine, *alle* hatten doch schon ihre Erfahrungen gemacht, selbst damals in der Schule schon. Ich kam mir immer ein bisschen abartig vor, weil ich bei diesem Thema nie mitreden konnte.

Sogar Mama wollte mir mit 17 schon ganz diskret die Pille andrehen. Aber wozu sich mit Hormonen voll pumpen ohne Notwendigkeit? Und dass das erste Mal bei mir kein zufälliges Versacken auf irgendeiner Fete sein sollte, nur um mitreden zu können, na, da war ich mir dann doch sicher!

Aber was das nun alles konkret mit Gott und meinem Glauben zu tun hat, wusste ich ehrlich gesagt immer noch nicht. War das allgemein gültig für Christen oder waren Chrissi und Mike nur irgendwie überspannt? Obwohl, überspannt oder gar fanatisch wirkten Mike und Chrissi nun wirklich nicht . . .

Zu gerne hätte ich mal mit jemand anderem darüber geredet. Mit Anke vielleicht. Denn man kann ja wohl kaum zum Pastor hingehen und ihn fragen: „Sagen Sie mal, wie ist das eigentlich mit Gott und dem Sex?"

Ich musste grinsen bei dem Gedanken an die peinliche Situation, in die man sich da bringen würde. Also, an diesem Thema kam ich wohl über kurz oder lang nicht vorbei. Komisch, dass ich gerade jetzt daran denken musste. Ich war froh, dass ich aus meinem ganz schön beunruhigenden Gedankengang gerissen wurde, als ich vor Jans Haus ankam.

Er stand schon am Fenster und hauchte mir ein Küsschen durch die Luft zu. Ich schickte ihm ein Luftküsschen zurück. Im selben Augenblick waren meine aufwühlenden Gedanken wie weggeblasen und ich sprintete frohen Mutes die Treppe zu ihm hinauf.

63

„Und was machen wir jetzt mit unserem gemeinsamen freien Tag?"

Jan streckte sich behaglich auf seinem Stuhl aus und funkelte mich herausfordernd an.

„Zum Spazierengehen ist es jedenfalls entschieden zu eklig draußen", fand ich und griff über den abgegrasten Frühstückstisch hinweg nach seiner Hand.

Ja, die Aussicht auf einen ganzen gemeinsamen Tag war wirklich herrlich. In den letzten Wochen hatten wir kaum Zeit füreinander gehabt – so kam es mir jedenfalls vor. Wir hatten uns immer nur stündchenweise sehen können. Jan musste für seine Klausuren pauken und ich hatte ständig Spät- oder Nachtdienst, sodass wir quasi nur aneinander vorbeigehuscht waren.

Jan nahm meine Hand und zog mich um den Tisch herum auf seinen Schoß. Ich wollte schon protestieren, da wir immerhin in dieser WG-Küche jederzeit von seinen Mitbewohnern überrascht werden konnten. Aber als Jan meinen skeptischen Blick zur Tür sah, schüttelte er beruhigend den Kopf.

„Frank und Alex schlafen am Wochenende doch immer bei ihren Freundinnen“, erklärte er und gab mir einen Kuss.

Es war wirklich herrlich. Ich liebte Jan so und war so glücklich, dass wir uns endlich gefunden hatten. Ein behagliches Schaudern rieselte mir durch den Körper, als Jan anfing, mir ausgiebig den Rücken zu streicheln und mich zärtlich zu küssen. Ich kuschelte mich noch mehr an ihn und rekelte mich wohlig wie eine Katze an ihrem Lieblingsofenplatz.

Jan konnte so unglaublich zärtlich sein! Ich erwiderte seine Küsschen und aus den Küsschen wurden lange ausgedehnte elektrisierende Küsse, die einen auf den Geschmack nach „mehr“ brachten. Das fand Jan wohl auch, denn er begann ganz behutsam seine Hand unter meinen Pulli zu schieben, während er mit seiner Zunge meinen Gaumen erforschte. So konnte ich seine Hand natürlich viel besser spüren als durch die dicke Schicht meines selbst gestrickten Mohairpullis. Und ich hatte ja noch ein T-Shirt drunter. Wir befanden uns also noch an sicheren Ufern. Stückchen für Stückchen zupfte Jan nun jedoch mein T-Shirt aus der Hose. Und plötzlich spürte ich seine Hand auf meiner nackten Haut. Auf dem Rücken, versteht sich. Ich schwankte innerlich hin und her. Das Gefühl war einfach zu angenehm, um hier abzubrechen. Außerdem wollte ich Jan ja nicht verletzen. Würde er es verstehen, wenn ich ihm erzählte, dass ich noch nicht mehr wollte?

Die Gedanken liefen Sturm in meinem Kopf, während meine Gefühle und mein Körper mir klar sagten, dies sei alles völlig okay. Wir liebten uns doch und dies war nun mal die schönste und stärkste Sprache der Liebe . . .

Jan arbeitete sich gerade systematisch aufwärts und nach vorne, während seine Lippen meine gefangen hielten, als duldete er keinen Widerspruch. Die Situation fing an, mir völlig zu entgleiten.

Wie eine Außenstehende beobachtete ich, wie ich auf Jans Nähe reagierte, mich mitreißen ließ von dem Moment. Die unangenehme kleine Stimme, die mich davor warnte, weiterzumachen, wurde immer leiser. Fast wünschte ich, ich hätte mich nie auf diese nörgelnde Stimme eingelassen, die mir anscheinend etwas verbieten wollte, was in dieser Situation das Natürlichste der Welt schien.

Aber nur fast. Ich wollte tun, was Gott sagte . . . und ich konnte hier nicht weitermachen, bevor ich nicht wusste, wie er die Sache sah.

„Ich liebe dich so, Pia", flüsterte Jan mir gerade ins Ohr und strich mir mit der freien Hand übers Haar. Die andere Hand fingerte so lange an den Häkchen meines BHs rum, bis diese sich lösten.

Ich hielt den Atem an. Wohl wissend, dass dies meine letzte Chance war. Ich musste abspringen von diesem Zug, der mich unaufhaltsam und ohne Rücksicht auf irgendwelche mahnenden Stimmen mit sich riss. Schon wollte ich mich mitrollen lassen, doch als Jans Hand meine Brust erreichte, schob ich ihn sanft, aber bestimmt von mir und sagte leise „Nein."

Jan hörte sofort auf und schaute mich etwas verunsichert an. „War ich dir zu schnell?", fragte er so sanft, dass ich schon fast geneigt war, doch einfach weiterzumachen.

Aber ich tat es nicht. Dies war eine Entscheidungssituation, das war mir sonnenklar. Hatte ich die Sache mit Jesus wirklich so ernst gemeint, dass ich dies hier aufgeben konnte und wollte?

Noch immer schaute Jan mich erwartungsvoll und sehr verletzlich an. Ich hasste, was ich nun tat, hasste es, ihm wehtun zu müssen. Ich war zerrissen genug. Konnte ich ihm denn überhaupt erklären, warum es nicht ging?

Bevor ich es mir anders überlegen würde, stand ich schnell von seinem Schoß auf und ging ans Fenster. Der Himmel war dunkelgrau. Eine einsame Frau ging mit ihrem Hund spazieren.

„Ich muss dir was erzählen, Jan“, begann ich, noch immer aus dem Fenster blickend. Ich konnte ihn jetzt nicht ansehen.

Doch Jan stand auf und setzte sich zu mir auf die Fensterbank. Wieder dieser herzerweichende Blick. *Jan liebt mich wirklich*, dachte ich und fasste Mut.

„Der Tag, als wir uns wieder getroffen haben ... weißt du noch? Du hast mir diese Brosche hinterhergebracht, die ich anscheinend verloren hatte.“ Nun schaute ich Jan doch Verständnis suchend an. Er nickte, also redete ich weiter. „Hast du gesehen, was das für eine Brosche war?“, fragte ich – würde ich ihm wohl meine ganze Geschichte erzählen?

„Ich weiß nicht, Pia. Es war ein ziemlich wertloses Ding, glaube ich. Hab's mir nicht genau angeguckt, vor allem als du dich zu mir umgedreht hast ...“, gab er etwas verwirrt zu.

„Wertlos ... tja.“ Ich lächelte bei dem Gedanken an das kleine Stück Blech, das ich voller Überzeugung getragen hatte. „Und doch hat diese Brosche mir lange Zeit sehr viel bedeutet – aber ich glaube, ich muss ganz von vorne anfangen.“

Und nun erzählte ich Jan von Frankfurt, von meiner Suche nach „mehr“ und von Schwester Elisabeth. Ich malte ihm aus, wie mich die Diakonissen in ihrer schlichten Art beeindruckt und mir vorgelebt hatten, was es heißt, im Einklang mit sich und seiner Welt zu sein ... und mit Gott.

„Ich habe mit dir bisher nie darüber gesprochen, weil ich irgendwie das Gefühl hatte, dass dich Glaubensfragen“, ich schluckte und beendete den Satz, „... nicht besonders interessieren.“

Jan hielt den Kopf gesenkt und ich spürte instinktiv, wie sich eine Spannung zwischen uns aufbaute. Bevor mich der Mut verließ, redete ich schnell weiter. „Nach vielem Hin und Her habe ich mich dann entschieden, Gott eine Chance zu geben und ...“ – ich suchte sein Gesicht nach einer Reaktion ab – „es ist wahr, ich bin inzwischen überzeugt davon, dass es Gott gibt und dass er Interesse an uns hat und so.“

Leise stöhnte Jan auf, aber nun musste ich meine Geschichte zu Ende bringen.

„Weil mich das Leben der Diakonissen so beeindruckt hat, dachte ich, ich wollte Gott auch so ganz und gar dienen, wie sie es taten. Ich ging zu Schwester Elisabeth und fragte sie, was ich tun müsse, um in den Orden aufgenommen zu werden." Nun schaute mir Jan mit offenem Entsetzen ins Gesicht – aber ich redete weiter. „Sie schickte mich für ein Jahr zurück ‚in meine alten Bahnen', wie sie sagte, und gab mir diese Blechbrosche mit dem Kreuz drauf mit. Ich sollte mich jedes Mal beim Angucken dieser Brosche fragen, ob ich wirklich bereit war, alles aufzugeben, um in den Orden einzutreten."

Wieder machte ich eine kleine Pause, um Jans Reaktion abschätzen zu können, doch der schaute mich nur sprach- und fassungslos an.

„Keine Angst, ich werde keine Nonne", sagte ich in einem missratenen Versuch, witzig zu klingen und redete weiter: „Als du die Brosche gefunden hast, hatte ich sie gerade *weggeworfen.*" – Eine Sache, die mir übrigens bis heute Leid getan hätte, hätte Jan sie mir nicht zurückgebracht, denn dieses kleine Geschenk von der Oberin des Diakonissenordens bedeutete mir trotz allem heute noch sehr viel.

„Ich hatte gerade eine Kinderbibelwoche hinter mir und wusste plötzlich, dass ich auch Kinder wollte, und zwar eigene", dabei lächelte ich etwas verlegen. „Deshalb hab ich die Brosche und damit auch die Entscheidung für den Orden weggeworfen."

Eine Spur von Erleichterung schlich sich in Jans Gesicht, als er schweigend nickte.

„Ja, zur Nonne beziehungsweise Diakonisse tauge ich wohl wirklich nicht!" In einer versöhnlichen Geste nahm ich nun Jans Hand und blickte ihn liebevoll an. „Dazu habe ich einen gewissen jungen Herrn viel zu lieb."

Man sah Jans versteinerte Gesichtszüge nun wirklich auftauen – aber leider war ich noch nicht ganz fertig.

„Aber Gott bedeutet mir eben auch was – ich meine richtig viel. Und ich weiß nicht genau, wie er die Sache mit der körperlichen Annäherung sieht – wie weit wir ... ähm – ich kann das jetzt einfach noch nicht, ohne zu wissen, was Gott dazu sagt."

Wieder wirkte Jan hart und angespannt, während er in meinen Augen scheinbar nach einem Hinweis suchte, dass dies alles nur ein schlechter Witz war. „Aber ... aber warum?", brachte er schließlich hervor. „Du hast mir vorher nie etwas davon erzählt ..."

Jan schien dieser Umstand nicht nur zu schaffen zu machen, sondern ihn auch zu verletzen. In seinen Augen spiegelte sich jetzt ein Schmerz, dessen Abgrundtiefe mich erschreckte. Meine schlimmsten Befürchtungen schienen wahr zu werden. Hatte ich nicht immer geahnt, dass ein Gespräch über meinen Glauben einen Keil zwischen uns treiben würde? Und jetzt war es genau, wie ich es befürchtet hatte. Jan saß schweigend da und schien Lichtjahre von mir entfernt, obwohl ich noch immer seine Hand hielt.

Langsam aus einer anderen Welt erwachend stand Jan auf und kehrte mir den Rücken zu. Als er sich nach einer weiteren Minute des Schweigens wieder zu mir wandte, glitzerten unübersehbare Tränen in seinen Augen.

„Ich glaube, das muss ich jetzt erst mal verdauen", sagte er schließlich mit belegter Stimme. „Allein."

Damit war unser gemeinsamer freier Tag beendet. Zwei Minuten später stand ich bibbernd vor Kälte und Enttäuschung draußen und schloss mein Rad auf. Meine Tränen vermischten sich mit den dicken Regentropfen, die auf mich niederprasselten, und so fuhr ich heim.

64

„Warum?!“

Auch Jan hatte sich sofort nach Pias Aufbruch auf sein Rad geschwungen und war die gut 20 Kilometer an die Steilküste von Schilksee gestrampelt. Als er dort ankam und sein Rad ins windgepeitschte Gras schmiss, war er nass bis auf die Knochen. Aber was machte das schon?

Das Meer, auf das er von hier aus herabsehen konnte, sah aufgewühlt und ausgesprochen feindselig aus. In dem strömenden Regen war auch kaum ein Horizont auszumachen, sodass das frostige Nass unter ihm nahtlos in das bedrohliche Anthrazit über ihm überzugehen schien.

Die Szenerie passte ausgesprochen gut zu seiner inneren Verfassung. Ja, sie gab ihm fast ein bisschen Trost. Wenigstens die Natur fühlte anscheinend mit ihm, wenn ihn auch sonst keiner verstand. Schon gar nicht Gott. Und wieder kochte die Wut in ihm hoch. Er stand am Abhang der Steilküste und schrie seinen Zorn hinaus.

„Was treibst du für ein Spiel mit mir?“, schleuderte er seinem unsichtbaren Feind entgegen. „Es muss dir ja wahnsinnigen Spaß machen, mich zu quälen! – Erst treffe ich Pia wieder und denke schon . . .“, ein sarkastisches Lachen entfuhr ihm. „Ja, ich war wirklich so dumm zu glauben, du meintest es ein einziges Mal gut mit mir. Aber da habe ich mich ja wohl mal wieder reinlegen lassen . . . Kannst du es überhaupt gut meinen? Musstest du mir jetzt auch noch Pia ausspannen? Du bist ihr ja anscheinend wichtiger als ich, sonst wäre das heute nicht passiert.“ Wieder entfuhr Jan ein bitteres Lachen, das eher einem Schluchzen glich.

Es war wirklich verrückt – obwohl Jan seit Jahren gegen die Tyrannei des großen Spielverderbers da oben ankämpfte, konnte er nicht umhin, an seine Existenz zu glauben. War Jan gerade dabei, den Verstand zu verlieren? Dieser Kampf war nie fair gewesen. Jans Gegner war zu stark, das wusste er. Aber er war trotz allem noch nicht bereit aufzugeben. Zumal es jetzt nicht mehr nur um ihn ging, sondern auch um Pia.

Wie konnte dieses Mädchen, das er so sehr liebte, sich nur auf diesen krank machenden, beschränkenden Glauben einlassen?! Ihre Verweigerung und die mehr als dürftige Erklärung dafür hatten ihn so kolossal an die Moralpredigten seiner Eltern erinnert . . . Ja, war die Sache nicht Grund genug für Jan, mit Pia Schluss zu machen? Was hatte ihre Beziehung denn jetzt noch für eine Chance? Würde ihr komischer Glaube sich nicht immer wieder zwischen sie stellen, und zwar gerade dann, wenn es am schönsten war und man am wenigsten damit rechnete?

Und doch – irgendwie traf Pia in der ganzen Sache auch keine Schuld. Aber immerhin schien sie allemal bereit, auf diesen sadistischen Gott zu hören, selbst wenn es den Todesstoß für ihre Beziehung bedeutete.

Jan war wie betäubt, als er schließlich mit tränenerstickter Stimme flüsterte: „Was willst du von mir, Gott?“

Und voller Entsetzen nahm Jan sogar eine Antwort auf diese Frage wahr. Irgendwoher drang ein klares, wenn auch nicht akustisch vernehmbares: „Dich.“

Erst jetzt bemerkte Jan, wie dicht er am Abgrund stand. Sah plötzlich die dicken Findlinge, die sich satte 20 Meter unter ihm auftürmten. Und eine atemberaubende Sekunde lang schienen seine Knie nachgeben zu wollen, um sich der einladenden Tiefe entgegenzustürzen. Doch im letzten Moment gehorchten sie ihrem Besitzer wieder.

Jan taumelte ein paar Schritte zurück, bevor er sich schluchzend ins Gras warf und der unerhörten Forderung seines Gegenübers tonlos antwortete: „Mich kriegst du nicht! Niemals, hörst du? Und wenn du mich bis ans Ende meiner Tage verfolgst!“

65

„Hallo? Hier ist Pia Martens. Könnte ich bitte Schwester Elisabeth sprechen?"

Der Pfleger am anderen Ende der Leitung versprach, sie suchen zu gehen.

„O Gott, lass sie jetzt keine OP haben – lass sie Zeit für mich haben ...", betete ich im Stillen. Schwester Elisabeth war so ziemlich meine letzte Chance. Ich musste *unbedingt* mit jemandem sprechen, und zwar bald!

Seit drei Tagen hatte ich nichts von Jan gehört. Ich hatte zwar schon zweimal angerufen, aber nur immer Frank am Telefon gehabt. Er wollte Jan ausrichten, dass ich angerufen hätte. Mehr kann ich wohl nicht tun. Wenn Jan mich nicht mehr sehen wollte, musste ich das wohl oder übel akzeptieren. Ich wusste nicht einmal, ob wir noch zusammen waren, Jan und ich. Er hatte die ganze Sache sogar viel schwerer genommen, als ich befürchtet hatte. Wieso nur? Okay, es gibt wohl immer ein paar Probleme, wenn zwei Leute, die sich lieben, nicht denselben Glauben haben. Das ist nicht so toll, schon klar. Aber war das wirklich ein Grund, sich einfach nicht mehr zu melden? Hinter Jans Reaktion musste mehr stecken, das spürte ich ganz genau, aber ich wusste beim besten Willen nicht ...

„Hallo, Pia?"

Gott sei Dank war es wirklich Schwester Elisabeths wohlvertraute Stimme, die ich da hörte und schon schnürte sich mir die Kehle zu.

„Hallo, Schwester Elisabeth! Ich muss dich unbedingt sprechen", kriegte ich nur heraus und da brach auch schon meine Stimme. In kurzen, wirren Sätzen schilderte ich ihr schluchzend das Gefühlschaos, in dem ich mich befand und als sie mir zu Ende zugehört hatte, machte sie den vernünftigsten Vorschlag, den ich seit langem gehört hatte.

„Weißt du was, Mädchen? Du setzt dich einfach in den nächsten Zug und kommst her – du hast doch hoffentlich gerade frei, ja?“

Ja, das hatte ich. Ganze sieben Tage am Stück – und zur Not würde ich halt kurzerhand noch einen Tag Urlaub nehmen können. Derzeit waren wir ganz gut dran auf Station, personalmäßig meine ich. Also stand dem nichts im Wege.

Der 14:00-Uhr-Zug nach Frankfurt würde meiner sein.

66

Mein Zimmer.

Ich musste wehmütig schmunzeln bei dem Gedanken an die Zeit, die ich in diesem kleinen Dachstübchen verbracht hatte. Eine Zeit voller Umbrüche und Fragen, aber zum Schluss auch eine voller Antworten. Tja, und auf jeden Fall eine glücklichere Zeit als im Moment, so viel stand fest.

Ich wollte mich gerade mal wieder in einer kleinen Selbstmitleidssession betrauern, aber dann dachte ich plötzlich an Elisabeths Worte von heute Abend. Wieder einmal hatte sie die Arbeit Arbeit sein lassen und sich Zeit für mich genommen. Man mag über Diakonissen denken wie man will, diese Frau hat Profil und außerdem war sie mal wieder mein rettender Engel. In unserem Gespräch heute Abend hatte sie mir nämlich die Augen geöffnet über mein selbstsüchtiges Verhalten Jan gegenüber.

Nach unserer Auseinandersetzung am Samstag hatte ich vor allem *meinen* Schmerz und *meine* Enttäuschung vor Augen. Ich fühlte mich von Jan im Stich gelassen und verletzt. Dass es ihm vielleicht noch viel dreckiger ging in dieser Situation, kam mir gar nicht in den Sinn. Doch Elisabeth meinte zu Recht: Ich hatte ja zumindest Jesus, um mich bei ihm auszuheulen. Ein Vorrecht, das Jan sich verwehrt.

Außerdem stieß Elisabeth mich noch auf eine Sache, die mir nun nicht mehr aus dem Sinn will, weil ich Ähnliches auch schon länger vermutet hatte. Sie meint, hinter Jans Härte und seiner abweisenden Reaktion neulich müsste eine Verletzung stehen. Irgendetwas Schweres und Unverdautes sei es wohl, was Jan veranlasste, Gott dermaßen abzulehnen. Elisabeth meinte, wir könnten nur beten und hoffen, dass Jan diese Sache mal zur Sprache bringt. Aber werden wir beide dann überhaupt noch zusammen sein? Das Eis, auf dem wir uns bewegten, war jedenfalls sehr dünn und mehr als brüchig.

„Dann lade Jan doch einfach ein herzukommen. Vielleicht kann ich mal mit ihm reden", sagte Elisabeth schließlich auf meine Einwände hin.

Als ob das so einfach wäre. Würde Jan viel Geld bezahlen und satte 800 Kilometer zurücklegen, nur um mit einer Frau zu sprechen, die er ganz offensichtlich auch zum Objekt seiner Ablehnung gemacht hatte?

Auf der anderen Seite: Hatte ich denn überhaupt was zu verlieren? Zwischen Jan und mir herrschte doch sowieso eisiges Schweigen. So konnte es eh auf keinen Fall weitergehen. Sollte er sich wenigstens ein Bild von dem machen, was er so kategorisch ablehnte. Und wenn er erst einmal hier war, vielleicht passierte ja ein Wunder . . .

67

„Hallo, hier Jan Olsen."

Jans Stimme am anderen Ende der Leitung ließ einen Schwarm Schmetterlinge in meinem Bauch aufflattern. Wie sehr ich diesen Mann liebte . . . trotz allem!

„Hallo, Jan, hier ist Pia", gab ich etwas unsicher zurück.

Zu meinem großen Glück merkte ich, wie seine Stimme zärtlich wurde, als er mir ein „Pia, du bist's?", entgegenhauchte. Auch Jan wirkte unsicher, ja, fast ängstlich, als er fortfuhr: „Ich habe mich so lange nicht bei dir gemeldet . . . ich . . . ich musste erst mal nachdenken, weißt du . . ."

Mein Magen formte sich zu einem Klumpen zusammen und ich hoffte inständig, dass sein nächster Satz nicht wäre: „Lass uns lieber Schluss machen!"

Aber der befürchtete Satz kam nicht. Stattdessen schwiegen wir uns durch die Hörer an wie zwei Turteltäubchen, die sich nicht trauen, den anderen um das erste Rendezvous zu bitten. Es war fast komisch. Aber dafür natürlich auch wieder viel zu ernst.

„Ich habe auch viel nachgedacht", sagte ich schließlich. „Ich musste mal mit jemandem über alles sprechen." Ich versuchte nicht erst seine Reaktion abzuwarten, sondern fuhr gleich fort: „Ich bin jetzt gerade in Frankfurt." Wieder Schweigen auf seiner Seite. Also, alles oder nichts jetzt. „Ich wollte fragen, ob du nicht herkommen willst und dir das Ganze mal angucken?"

Ich dachte, ich träume, als ich Jans Stimme hörte. „Ja, warum nicht?" Und dann, nach einer kurzen Pause, sogar sehr überzeugt: „Ja, wirklich – warum eigentlich nicht?!"

Wow! Ich beschrieb ihm noch kurz den Weg. Er würde am nächsten Tag den 14:00-Uhr-Zug nehmen. Das gab ihm gerade genug Zeit, vorher seine letzte Klausur zu schreiben. Botanik, von 8:00 bis 12:00 Uhr nämlich. Der Arme – bei ihm war das Chaos, glaub ich, wirklich noch größer als bei mir.

68

„In wenigen Minuten erreichen wir Hannover Hauptbahnhof. Sie haben Anschluss an die Züge ..."

Die Lautsprecherdurchsage schnarrte weiter, während Jan das Abteilfenster öffnete. Die klare, kalte Luft pfiff ihm entgegen. Jan ließ sich diese scharfe Kälte um die Ohren sausen, in der Hoffnung, so einen klaren Gedanken fassen zu können. Denn dazu war er bisher nicht in der Lage gewesen. Bis heute Mittag um 12 Uhr hatte er jeden Gedanken an Pia und ihre Beziehungskiste fein säuberlich ausgeklammert, um sich einigermaßen auf sein nicht ganz unwichtiges Referat konzentrieren zu können. Und dann war er nach Hause gehetzt und hatte notdürftig irgendwelche Klamotten in seinen Rucksack gestopft, während er den Rest Pizza von gestern verschlang. Es wäre längst dran gewesen, die Blumen zu gießen, aber nun würden die armen Palmen eben noch warten müssen, bis er zurückkam.

Mit Hängen und Würgen schaffte Jan es rechtzeitig zum Bahnhof. Denn natürlich musste er vorher noch Geld abheben und ebenso natürlich war vor dem Automaten eine Schlange ... typisch! Aber immerhin war er drei Minuten vor Abfahrt des Zuges stolzer Besitzer einer (für seinen Geschmack hundsteuren) Fahrkarte und hechtete noch rechtzeitig auf den Bahnsteig.

Bis Hamburg brauchte er, um wieder einigermaßen zu Atem zu kommen. Doch seit Hamburg-Altona hatte ihn das große Grübeln gepackt.

Was versprach er sich eigentlich von diesem Tripp? Okay, Pia hatte ihn darum gebeten, aber was um Himmels willen versprach *sie* sich von dieser Aktion? War das Ganze etwa am Ende ein ausgeklügelter „Bekehrungsversuch" dieser Nonnen? Eine Art Falle, in die man ihn locken wollte? Pia war ja im Moment anscheinend alles zuzutrauen! Obwohl, nein, so mies konnte und wollte Jan nicht von ihr denken. Dazu hatte sie am Telefon viel zu lieb und auch zu zerbrechlich geklungen. Jan hatte richtig ein schlechtes Gewissen gekriegt, denn immerhin hatte er sie ja einige Tage schmoren lassen. Auch nicht die feine englische Art – aber wohl die beste Möglichkeit, um mal ein bisschen Abstand zu bekommen.

Jan schloss das Abteilfenster, denn seine Nase und Ohren waren sicher schon ganz blau gefroren. Seit Hamburg hatte er also hin und her überlegt. Mit dem Erfolg, dass er zu der glorreichen Erkenntnis gekommen war, dass es mit Pia und ihm weder vor noch zurück ging. Natürlich fand er es ätzend, dass sich diese Glaubensfrage nun zwischen sie schob. Und wäre es nicht um Pia gegangen, er wäre der Auseinandersetzung damit sicher aus dem Weg gegangen. Nach dem Motto: „Die Würfel sind gefallen; du machst dein Ding und ich meins ... und tschüs!"

Aber es ging nun mal um Pia und nicht um irgendwen. Und sie waren sich inzwischen so nahe gekommen, dass es für Jan unmöglich war, die Sache einfach so abzuhaken. Dazu hatten sie doch auch schon viel zu viel zusammen erlebt und durchgestanden, oder?

Na ja, und dann gestern Pias Anruf. Jan hatte nach dieser Chance gegriffen, um ihr zu zeigen, dass er sie noch nicht aufgegeben hatte. Wahrscheinlich wäre er ihr auch bis zum Mond hinterher gereist – einfach nur um irgendwie weiterzukommen. Und jetzt fuhr er also zu diesen Nonnen, begab sich quasi direkt in die Höhle des Löwen. Wenn Pia gewusst hätte, was das für ihn bedeutete!

Jan war jedenfalls total gespannt, wenn er sich auch keine Wunder von dem bevorstehenden Abend versprach. Aber immerhin hatte er dann alles getan, um ihren Beziehungsknoten aufzupulen. Mehr als das konnte Pia nun wirklich nicht von ihm erwarten!

Mit dieser Feststellung ließ er sich wieder auf seinen Sitz fallen und beschloss, die Sache einfach auf sich zukommen zu lassen. Kilometer für Kilometer ... dreieinhalb Stunden noch ...

69

Dieser heutige Tag war für mich eine richtige Lektion in Sachen Gottvertrauen. Wie Elisabeth so schön sagte: „Befiehl dem Herrn deine Wege und hoffe auf ihn; er wird's wohl machen."

Sie sagte, das steht in der Bibel, und wenn das da steht, dann muss es doch stimmen. Ich wollte es ja auch so gern glauben – vor allem das mit dem „wohl machen". Aber wie sollte das bloß laufen? Die Situation schien mir einfach zu vertrackt für ein Happy End.

Jan war so tierisch ablehnend gegenüber allem, was mit Gott und Kirche zu tun hatte. War es da nicht eine Illusion anzunehmen, er müsse nur einmal Elisabeth gegenübertreten und alles würde sich zum Besten wenden? Was hatte ich mir nur von dieser Begegnung versprochen?

Jetzt, wo Jan seit zwei Stunden auf dem Weg sein musste, fielen mir auf einmal hier lauter Dinge auf, die ich bisher kaum wahrgenommen hatte oder die mich zumindest bislang nicht im Geringsten gestört hatten. Da waren zum Beispiel die altertümlichen Jesusdarstellungen in den Fluren: Billige, vergilbte Drucke, die auf Sperrholz aufgezogen waren. Die Dinger wurden zwar wohl regelmäßig abgestaubt wie alles hier, aber sie sahen trotzdem total verstaubt und heruntergekommen aus.

Dann erst die nicht gerade anheimelnde Einrichtung hier im Mutterhaus. Hatten sie wohl alles aus Schenkungen und Nachlässen zusammengetragen: Ein stilistischer Fausthieb ins Gesicht. Dazu das geschmackvolle Graugrün des Linoleums und das trostlose Hellgrau der Wände . . .!

Alles sah eben so aus wie die Bewohnerinnen dieses Hauses: Ziemlich überholt und veraltet. Oh, klang das gemein! Immerhin hatte ich diesen Schwestern viel zu verdanken. Sie hatten mich ohne Zögern aufgenommen, als ich dringend eine Wohnung brauchte. Und auch sonst waren sie immer für mich da, wenn ich nicht weiterkam. Das machte eigentlich alles wieder wett, was sie vielleicht an Schrulligkeiten an sich hatten. Ich verdankte diesen Schwestern sehr, sehr viel.

Nur dass ich eben im Moment die ganze Sache hier mit Jans superkritischen Augen sah. Und aus dieser Perspektive schien hier leider nichts und niemand besonders gut abzuschneiden ...

Als ich hierhergekommen war, hatten mich all diese Nebensächlichkeiten wirklich nicht gestört. Ich hatte die Schwestern einfach nur als Menschen gesehen und bemerkt, dass sie etwas hatten, was mir fehlte. Ja, so gesehen war ich wirklich auf der Suche nach Gott gewesen, als ich herkam – selbst wenn ich es damals nie so bezeichnet hätte.

Aber Jan? Würde ihn dieses abgehalfterte Haus nicht erst recht in seinen Vorurteilen gegenüber Gott bestärken? Und was sollte dann aus uns werden?

Eine eiskalte Hand umklammerte mein Herz. Unfähig, ein Gebet zu formulieren, schmiss ich mich aufs Bett meines kleinen grauen Domizils. Dort lag noch meine Bibel, die ich nun einfach irgendwo aufschlug. Plötzlich musste ich aber doch lächeln, denn aus dem willkürlich aufgeschlagenen Buch hüpfte mir nun förmlich ein Vers entgegen: „Befiehl dem Herrn deine Wege und hoffe auf ihn; er wird's wohl machen."

70

„Es fährt ein auf Gleis 11 der Intercity aus Kiel. Planmäßige Ankunft 19:08 Uhr. Bitte zurücktreten."

Die schnarrende Stimme aus dem Lautsprecher schickte mir einen kleinen Hieb in die Magengrube. Da fühlte ich mich sowieso schon recht flau, da ich heute bis auf einen Kaffee zum Frühstück noch nichts runterbekommen hatte.

Vorsorglich war ich eine halbe Stunde früher zum Bahnhof gefahren. Man konnte ja nie wissen – Berufsverkehr, Stau, Bus verpasst, U-Bahn entgleist ... Meine Phantasie kannte keine Grenzen. Jedenfalls war ich reichlich früh da und das, obwohl Jans Zug direkt mal pünktlich war. Jedenfalls waren meine Füße bis zum Knie inzwischen tiefgekühlt, während meine Hände sich schweißfeucht anfühlten (igitt!). Doch jetzt war keine Zeit, darüber nachzudenken, denn jetzt hieß es, die Flut der aussteigenden Reisenden nach Jans hoch gewachsener Figur abzusuchen.

Ganze Völkerwanderungen marschierten an mir vorbei. Aber kein Jan! Panik! Was, wenn er nun gar nicht mitgekommen war? Wenn er den Zug verpasst, oder noch schlimmer, sich im letzten Moment doch noch anders entschlossen hatte?

Doch gerade als sich meine Augen mit Tränen zu füllen begannen, sah ich ihn. Er hatte mich wohl schon vorher entdeckt, denn als sich unsere Augen trafen, lächelte er. Gegen den Strom der Aussteigenden kämpfte ich mich zu ihm hin und wäre fast in den Kofferkuli einer Omi gerannt, weil ich nur noch eines sehen konnte: Jan!

Endlich hatten wir uns erreicht und zuerst war alles so, wie es sein sollte. Immerhin hatten wir uns ganze fünf Tage nicht gesehen und diese Bahnhofsatmosphäre tat ein Übriges. Inmitten des Gedränges standen wir beieinander und hielten uns umschlungen wie Ertrinkende. Jans Küsse vermischten sich mit meinen Tränen und plötzlich waren alle Zweifel und Ängste dieses Tages vergessen.

Leider hielt dieser Zustand des Glücks nicht sehr lange an. Denn nun setzten wir uns in Richtung S-Bahn in Bewegung und ein abwartendes Schweigen machte sich zwischen uns breit. Zwar hielten wir uns immer noch an den Händen, doch je näher uns die Bahn unserem Ziel brachte, desto ferner schienen wir einander zu sein.

Ein lähmender Zweifel machte sich in meinem Herzen breit. Und während ich in das Dunkel der S-Bahn-Schächte starrte, die rasant an mir vorbeiflitzten, fragte ich mich immer wieder: „*Wohin wird dieser Abend uns wohl bringen?*“

71

Nach dem Abendbrot, das man für uns zurücklegen lassen hatte, lud Elisabeth uns dann auch gleich ins Besuchszimmer (zum Glück nicht in ihr Büro) ein. Den bereitgestellten Kräutertee rührten jedoch weder Jan noch ich an.

Die peinlichsten Gesprächseinstiege befürchtend war ich ganz erstaunt, als Elisabeth sich ganz gemütlich in ihrem Stuhl zurücklehnte und abwartete.

Es war Jan, der das Gespräch eröffnete. „Sie wissen sicherlich, warum ich hier bin – ich nehme an, Pia hat Ihnen schon von unseren . . . Differenzen erzählt . . .“, begann er.

Elisabeth nickte. „Ja, das hat sie – aus ihrer Sicht. Aber nun interessiert mich natürlich deine Sicht. Ich darf doch du sagen?“ Jan nickte. Nach einer kleinen Denkpause fuhr Elisabeth fort: „Doch was sie mir nicht erzählt hat und was wohl, so denke ich, der Kern der Sache ist, ist: Warum hat es dich so getroffen, als Pia dir von ihrem Glauben erzählt hat?“

Elisabeth sprach wie gewöhnlich sehr ruhig und freundlich. Umso krasser fiel auf, dass sich Jans Gesichtszüge verhärteten, als sie ihre Frage stellte.

Jan rang nach Worten und Elisabeth verstärkte ihre Frage noch: „Als Außenstehende gewinnt man den Eindruck, als ob nicht nur die Tatsache, dass Pia nun gläubig ist, dich stört, sondern Gott selbst. Hast du etwas gegen Gott?“

Waren Jans Gesichtszüge eben noch hart, schienen sie jetzt zu Granit zu werden. Er spuckte die nun folgenden Sätze der Oberin förmlich entgegen. „Ob ich etwas gegen Gott habe?“, fragte er scharf und mit einem bissig-sarkastischen Unterton. Es machte mir richtig Angst, Jan so zu erleben, doch Elisabeth blieb erstaunlich ruhig, als er fortfuhr: „*Allerdings* habe ich etwa gegen diesen so genannten lieben Gott. Ich verachte ihn und seine braven Schäfchen!“

Und nun legte Jan los. Gift und Galle, die sich wohl über Jahre in ihm angestaut hatten, kamen aus ihm herausgequollen – bissig, schneidend, aber immerhin ... ehrlich. Ich saß wie gebannt und lauschte der traurigen Geschichte eines Kindes, das immer wieder mit billigen Glaubensfloskeln und viel Unverständnis abgespeist und wahnsinnig von seinen frommen Eltern unter Druck gesetzt wurde, ohne das geringste Verständnis für seine kleinen, ganz normalen Zweifel und Fragen.

Während Jan seine Geschichte erzählte, stieg auch in mir eine Wut hoch. Vor allem gegen seine Eltern, die ihren Sohn, anstatt ihn zu stützen und zu trösten, wohl vor allem mit Forderungen und Verboten überschüttet haben. Waren sie nicht schuld daran, dass Jan jetzt Gott gegenüber völlig zugemacht hatte? Waren sie nicht letztlich sogar an dem Drama schuld, das sich jetzt zwischen uns abspielte?

Doch dann fiel mein Blick auf Jan, der immer noch vor Zorn sprühte. Und eine leise kleine Frage schlich sich in mein Hirn: War es nicht *auch* Jans Schuld? Wenn einem Unrecht begegnet, kann man ja immer auf zweierlei Arten reagieren. Jan hatte sich dazu entschieden, seine Eltern und ihren Glauben abgrundtief zu verachten. Das war wohl auch der harte Knoten in ihm, auf den ich schon von Anfang an gestoßen war, als wir noch nicht mal zusammen waren.

Meine Gedanken wanderten zu unserem ersten Treffen in der Mensa. Ich war damals erstaunt über Jans Offenheit gewesen, mit der er mir Dinge erzählte, als kannten wir uns schon ewig. Und ich weiß noch wie heute, dass ich ganz erstaunt war, als er anfing über seine Eltern zu lästern. Die Härte und Verachtung, mit der er über sie sprach, wollte so gar nicht zu dem sonst so zurückhaltenden und einfühlsamen Jan passen ...

Auch später war mir diese Schattenseite an Jan immer mal wieder begegnet und meistens war ich ganz schön erschrocken gewesen, in diese Abgründe zu blicken. Aber ich hatte bis heute nicht gewusst, warum Jan so einen Hassklumpen mit sich rumschleppte und ich hatte mich auch nie getraut zu fragen.

Irgendwann war Jan fertig und wieder legte sich eine Stille

auf uns, die mich befürchten ließ, dass Elisabeth zu so viel Ablehnung gegen Gott auch nichts mehr zu sagen hatte.

Aber dann atmete sie tief durch. „So, jetzt hast du mir deine Geschichte erzählt – und nun werde ich dir meine Geschichte erzählen, wenn du nichts dagegen hast."

Jan nickte und Elisabeth fuhr fort: „Ich bin wie du in einem sehr streng gläubigen Elternhaus aufgewachsen. Es war ein schönes, wohl behütetes Leben, das meine Eltern mit meinem Bruder, meiner Zwillingsschwester Dorothee und mir führten. Mein Vater las uns Kindern oft abends aus der Bibel vor und wir beteten bei Tisch."

Jan nickte (wieder erkennend?).

„Doro und ich waren uns – verständlicherweise – besonders nahe. Wir trugen, bis wir zwölf waren, die gleichen Sachen, hatten die gleiche Frisur – nur sie hatte immer eine blaue Haarschleife und ich eine rote, sonst konnte uns ja kein Mensch auseinander halten. Was hatten wir für einen Spaß, die Leute an der Nase herumzuführen ...", Elisabeth lächelte verschmitzt bei dieser Erinnerung.

Ich sah Jan von der Seite an und befürchtete schon, dass Elisabeth uns nun – wie ältere Menschen das ja anscheinend öfter tun – eine Geschichte nach der anderen aus glücklichen Kinderjahren auftischen wollte.

Doch dann hörte ich sie sagen: „Als wir 15 waren, stellte man fest, das Doro Multiple Sklerose hatte." Mich durchzog ein kalter Schauer. Davon hatte Elisabeth ja nie etwas erzählt! Plötzlich zog sich mir der Magen zusammen, denn ich ahnte den Ausgang der Geschichte.

„Die Krankheit war damals zwar kaum erforscht, aber die Anzeichen waren eindeutig. Die Schübe kamen sehr schnell hintereinander und mit 17 saß Doro bereits im Rollstuhl. Auch ich war wie gelähmt. Eine Frage quälte mich besonders: Warum Doro und nicht ich? Bisher war bei uns immer alles gleich gelaufen. Selbst die Kinderkrankheiten hatten wir gleichzeitig gehabt. Und so saß ich die ersten Monate immer auf einer tickenden Zeitbombe, weil ich dachte, jeden Moment würde auch ich meinen ersten Schub kriegen. Aber ich blieb gesund. Es war eine ganz fürchterliche Zeit – meine Schwester, beste Freundin und zugleich mein Ebenbild so verfallen zu sehen. Ich habe sehr viel geweint und Gott sehr oft angeklagt. Auch meine Eltern und mein Bruder standen fassungslos dabei und sahen ihre geliebte Doro langsam sterben. Auch für sie war es schlimm, aber ich glaube, für mich war es am allerschlimmsten. Mit 21 war Doro dann völlig bettlägerig und ich hatte gerade meine Ausbildung als Krankenschwester hinter mir, als ich ihre Pflege übernahm. Wie oft habe ich mit Gott gerungen, habe ihm alle möglichen Händel vorgeschlagen, aber Doros Zustand verschlimmerte sich einfach immer mehr."

Schwester Elisabeths Blick glitt in die Ferne, als sie weitersprach: „Ich erinnere mich sehr genau an unseren 23. Geburtstag. Seit Doro krank geworden war, fehlte uns sowieso die Begeisterung, unseren Geburtstag zu feiern. Aber dieser Tag war besonders trübe. Ich machte Doro wie gewohnt tagfertig und schlich mich einfach davon. Ich musste allein sein an diesem traurigen Tag und so stieg ich auf den Hügel hinter unserem Dorf. Es war ein nebelverhangener Morgen und als ich so allein da oben stand, weinte ich plötzlich meine ganze Verzweiflung Gott entgegen. Ja, mehr als das: Ich fing an, Gott lauthals anzuklagen für das, was er Doro da antat. Ich stand und schrie Gott an ..."

Nun guckte Elisabeth Jan in die Augen, der ihrer Erzählung gebannt lauschte, und fuhr fort: „Was ich Gott an diesem Tag entgegengeschmettert habe, klang sehr ähnlich wie das, was du mir eben erzählt hast, Jan. Doch irgendwann war mein Pulver verschossen, meine Wut lag wie der Nebel dieses Morgens über der Landschaft und ich stand schweigend und voller Schmerzen da. Und dann sprach Gott zu mir. Nicht hörbar und doch sehr deutlich machte sich ein Gedanke in mir breit: *Elisabeth, ich weine mit dir!* ... Ja, und dann musste ich an den Gott denken, der sich eine perfekte und wunderschöne Schöpfung ausgedacht hat und nun mit ansehen muss, wie diese von ihm geschaffene Schönheit und Harmonie durch unsere eigenen Entscheidungen pervertiert und zerstört wird. Täglich und stündlich dringen die Schreie derer, die zu Unrecht leiden, an sein Ohr und fordern ihn heraus, der Ungerechtigkeit endlich ein Ende zu setzen.

Und Gott *hat* eingegriffen! Während ich dort stand in meinem Schmerz, malte sich mir plötzlich ein Bild vor Augen: Gott selbst, von Schmerz und Hass und Ungerechtigkeit durchbohrt an einem Kreuz. Ein abscheulicher, qualvoller Tod für den Schöpfer des Lebens. Das war Gottes Antwort auf das Leid dieser Welt – er kam mitten hinein und überwand den Hass und das Leid und den Tod mit einer Liebe, die sich durch nichts auslöschen lässt.

Und auf einmal *wusste* ich: Diese Liebe gilt auch mir und Doro – sie endete nicht dort, wo für mich alles zu Ende scheint. Trotz all meiner Trauer, meines Unverständnisses und der Wut über meine Machtlosigkeit fühlte ich mich plötzlich geborgen. Ich wusste: Was auch kommen würde, Jesus trägt uns und leidet mit uns. Aber das Leid wird nie das letzte Wort haben, denn Jesus ist ja auferstanden. Das Leben, das er gibt, lässt sich durch keinen Schmerz dieser Welt auslöschen. Diese Gewissheit, die ich an meinem 23. Geburtstag bekommen habe, half mir sehr, als Doro drei Wochen später starb. Sie hatte längst ihr Los in Gottes Hände gelegt und schlief friedlich ein. Aber auch für mich war der Stachel des Todes gezogen – wenn ich auch um meine Zwillingsschwester trauerte.“

Schwester Elisabeth schaute Jan an, der mit seinen widerstreitenden Gefühlen zu kämpfen schien. Nach einer ganzen Weile, gerade als ich schon befürchtete, er hätte wieder dicht gemacht, sagte Jan: „Ich glaube, wir sprechen nicht von demselben Gott.“ Und wie zu seiner Rechtfertigung setzte er hinzu: „Ich meine, . . . ich würde nie auf den Gedanken kommen, dass Gott etwas mit Liebe zu tun hat – hat er mir doch bisher nur einen Hieb nach dem anderen versetzt und das gerade dann, wenn ich mal anfing zu lieben. Wie kann ein Gott es gut mit mir meinen, der mir immer alles wegnimmt, was ich liebe?“

Jans Stimme verriet seine ehrliche Betroffenheit. Alle Schärfe war aus ihr verschwunden. Er kam mir richtig zerbrechlich vor. Und während ich wie gebannt zu meinem Freund hinüberblickte, hörte ich die alte Schwester sagen:

„Ich glaube, du hast Recht, Jan." Schon blickte ich entsetzt zu ihr rüber, als sie sehr bestimmt fortfuhr: „Wir glauben nicht an denselben Gott. Dein Bild von Gott ist total verzerrt: Ein schrecklicher, willkürlicher Tyrann, der nur darauf wartet, uns klein zu knüppeln und uns zu ‚erwischen'. Zum Glück ist das nicht der Gott, von dem die Bibel spricht und den ich kennen gelernt habe ..."

Jan schien etwas verwirrt zu sein, trotzdem brachte Elisabeth ihren Gedanken zu Ende. „Dass es Leid und Tod auf der Welt gibt, darf uns einfach nicht dazu verleiten, die Schuld daran Gott in die Schuhe zu schieben. Auch wenn es längst nicht immer die trifft, die es unserer Meinung nach verdient hätten. Dass überhaupt der Tod in diese Welt gekommen ist, ist in letzter Konsequenz unser eigenes Verschulden. Gott selbst hat sich eine harmonische Schöpfung ausgedacht, mit Menschen, die ihn und sich gegenseitig aus freiem Willen lieben. Eine Welt ohne Leid und Tod. Aber die Menschen wollten Gottes Herrschaft nicht und müssen nun die Konsequenz ihrer Entscheidung tragen. Doch zum Glück hat Gott uns ja selbst in dieser Situation nicht allein gelassen."

Und nun strahlte die alte Schwester wieder übers ganze Gesicht, als sie abschließend ihren Trumpf ausspielte: „Mein Gott ist ein Gott der Liebe, nicht der Verbote ... ein Gott, der stärker ist als Leid und Tod."

72

Jan war sehr schweigsam, als wir nach dem Gespräch mit Elisabeth zu Tante Hanna fuhren. (Im Mutterhaus durfte natürlich kein Mann übernachten.)

Ich hatte ein bisschen Schiss, dass die Sachen, die Elisabeth gesagt hatte, vielleicht zu heftig gewesen waren, aber ich bohrte nicht nach. Jans Schweigsamkeit gab mir Zeit, still zu beten. „Gott, zeig dich ihm doch, wie du bist! Nimm ihm diesen Hassklumpen weg und … lass zwischen ihm und mir alles in Ordnung kommen …"

Tante Hannas stürmischer Empfang riss uns für kurze Zeit aus unseren Gedanken. Doch zum Glück war die Zeit auf unserer Seite: Es war schon fast Mitternacht und so hatten wir eine gute Ausrede, Tante Hannas Wortschwall zu entkommen.

Als wir uns bettfertig gemacht hatten und ich mich gerade in mein Zimmer verkriechen wollte, hielt Jan mich fest, schaute mir tief in die Augen und sagte dann: „Ich glaube, ich weiß jetzt, was dich an dieser Diakonisse so gefesselt hat."

Und bevor ich mir darüber Gedanken machen konnte, ob ich diesen Kommentar nun positiv oder negativ deuten sollte, zog Jan mich auch schon an sich und küsste mich herzhaft.

Ich weiß nicht, was genau es war, aber irgendwie wusste ich auf einmal: Alles wird wieder gut.

73

Eigentlich hatten wir uns vorgenommen, noch bei Mike und Christine vorbeizugucken, aber die waren ja nach München umgezogen, wie uns dann einfiel. Ich hätte die beiden gern mal wieder gesehen und außerdem wollte ich unbedingt etwas Unverfängliches mit Jan machen. In den letzten Tagen hatten wir beide uns so viele Gedanken gemacht, dass wir einfach mal 'ne Pause brauchten von all dem tief schürfenden Gegrübel.

Ich glaube, Jan dachte da nicht anders. Jedenfalls war er hellauf begeistert, als ich ihm vorschlug, diesen Tag nicht bei Tante Hanna zu verhängen, sondern stattdessen ins Rebstock-Bad zu fahren. Das ist gar nicht so weit weg von hier – nur 15 Minuten per Auto, das Onkel Joost uns netterweise lieh.

Ich wurde das Gefühl nicht los, dass Jan vor allem froh war, dass ich ihn nicht bedrängte und ihn nicht noch einmal zu Schwester Elisabeth geschleift hatte. Nee, nee. Wenn es mir auch schwer fiel, meine Klappe zu halten, wollte ich Jan in punkto Glauben *wirklich* nicht nötigen. Das hätte ja sowieso auch gar keinen Sinn gehabt. Entweder er kapierte von sich aus, dass Gott nicht das garstige Monster war, das er sich bisher unter diesem Namen vorgestellt hatte ... oder eben nicht. Ich wollte mich da nicht einmischen (jedenfalls nicht aktiv – für ihn zu beten, konnte er mir ja zum Glück nicht verbieten).

Auch Jan war, wie gesagt, total gut drauf und als wir das Frankfurter Verkehrsgewusel einigermaßen hinter uns gelassen hatten, schaute er andauernd mit Herzchenaugen zu mir hinüber wie ein frisch verliebter Fünfzehnjähriger. Ja, wir beide waren wirklich wie die Turteltauben. Ich wusste zwar nicht, was er mit dem Gespräch von gestern Abend letztlich anfangen würde, aber immerhin hatte unsere Beziehung diesen Härtetest vorerst überstanden. Und heute – am Tag nach dem Sturm –

war der Himmel wieder blau und ich konnte auf einmal wieder hoffen.

Ziemlich glücklich beugte ich mich zu ihm rüber und streichelte Jan sanft über den Arm. Leider musste ich mich ja auf das Fahren konzentrieren, aber dann blickte er mir in die Augen und wir verstanden uns auf einmal wieder, wie wir uns sonst immer verstanden hatten: ohne Worte.

74

Das Rebstock-Bad ist ein ganz dolles Ding übrigens: Mit Sauna und Whirlpool, Riesenrutsche und allem Schnickschnack. Doch die Umkleidekabinen waren wie alle Schwimmhallen-Umkleideräume und erinnerten mich total an unsere erste Zeit. Wie so etwas Ur-Nüchternes und meistens sogar ein bisschen Ekliges wie Schwimmhallen-Umkleideräume in einem romantische Gefühle auslösen können ... Ts, ts, ts – ich musste mich schon sehr wundern!

Aber es war so: Der Chlorgeruch, der Barfußgang zu den Duschen, alles erinnerte mich an die Uni-Halle in Kiel und somit an eine sehr knisterige Zeit zwischen Jan und mir. Damals war ich mir noch total unsicher gewesen, ob Jan überhaupt was von mir wollte. Wenn ich damals schon gewusst hätte, wie sehr er mich mochte und dass er sich einfach nur nicht getraut hatte ... Vielleicht wäre vieles ganz anders gekommen. Unser Debüt wäre vielleicht nicht so ein Flop geworden und ich wäre vielleicht nie nach Frankfurt gefahren ...

Aber wie gut, dass ich das doch getan hatte! Wer weiß, vielleicht wäre ich sonst nie Gott begegnet? Mir lief eine kleine Gänsehaut den Rücken runter, obwohl die Dusche, unter der ich gerade stand, sehr warm war. Doch zum Glück *war* ich nach Frankfurt gefahren und *hatte* Gott kennen gelernt und trotzdem waren Jan und ich jetzt zusammen. Hm. Während mir das Duschgel am Körper hinunter schäumte, traf mich die frappierende Erkenntnis: Gott hatte das ganze Beziehungskuddelmuddel der letzten zwei Jahre anscheinend voll im Griff gehabt. Im Nachhinein sah alles richtig einleuchtend und notwendig aus, was sich damals für mich als heilloses Chaos dargestellt hatte. Gott schien sich bei all den Irrungen und Wirrungen in Jans und meiner Freundschaft was gedacht zu haben. Noch mal hm.

Dann müsste man ihm ja eigentlich wirklich zutrauen, das Ganze auch zu einem guten Ende zu führen, oder? (Ich liebe Happyends – vor allem in meinem eigenen Leben!)

Bei dieser grandiosen Erkenntnis machte die Dusche „Plopp" und beendete den warmen Regen. Also zog ich meinen Badeanzug an und ging in freudiger Erwartung in das sprudelige Fontänen-Becken, wo schon Jan auf mich wartete.

75

Als er mich sah, tauchte er sofort zur Treppe hin, auf der ich gerade etwas fröstelnd meine Beine nass machte. Direkt vor mir tauchte er wieder auf und zog mich mit einem „Darf ich bitten, meine Dame?" zu sich in die Fluten.

Normalerweise kann ich es nicht ab, wenn man mich sofort untergluckert. Aber dies hier war was anderes. Erstens war Jan kein Junge mehr, der mit seinem Unterglucker-Manöver irgendein Schulmädchen beeindrucken wollte, und zweitens trafen sich unter Wasser unsere Lippen.

Als wir schließlich wieder auftauchten, saßen wir noch immer im seichten Wasser und konnten uns gar nicht voneinander lösen. Es tat einfach so gut, Jans starke Arme um mich zu spüren. Und es waren nicht nur seine Arme, die ich da spürte. So spärlich bekleidet begegneten wir uns ja wirklich nur in der

Schwimmhalle und es wäre eine faustdicke Lüge gewesen, wenn ich behauptet hätte, dass mich das nicht antörnte. Natürlich habe ich Jan schon oft in Badehose gesehen, aber noch nie hat dieser Anblick bei mir so eingeschlagen wie heute.

Es war dann – o Wunder! – Jan, der mich schließlich sanft von sich schob und ablenkend sagte: „Ich würde gerne ein paar Runden schwimmen. Kommst du mit?"

Ich nickte und löste mich nur sehr widerwillig von ihm. Das kühle Nass des Schwimmbeckens tat sein Bestes, um mich in meinem Feuer etwas abzukühlen, doch als wir uns nach einigen Bahnen wieder am Beckenrand trafen, fing ich Jan einfach zwischen meinen Armen und dem Beckenrand ein, sodass er mir nicht wieder entwischen konnte.

„Hey, willst du mich gefangen nehmen?", lachte er mir ins Gesicht. „Nur zu – ich bin mit Leib und Seele dein Gefangener . . .", und damit umarmte er mich stürmisch. Zwischen den Küssen, die nun folgten, dachte ich: *Das hier soll nie aufhören!*

76

Ein paar Tage lang sah es auch so aus, als würde unser Glück wirklich nie aufhören. Auf der Rückfahrt nach Kiel lagen wir einander fast die ganze Zeit in den Armen und erzählten uns alles Mögliche. Oder wir guckten aus dem Fenster und ließen schweigend die winterliche Landschaft an uns vorüberziehen. Ab Köln hatten wir sogar ein Abteil für uns, sodass sich niemand von unserer Zweisamkeit belästigt fühlen konnte. Und ich genoss Jans Nähe so ungemein, dass ich hätte platzen können vor Glück. All das Fürchterliche der vergangenen Tage war einfach wie weggeblasen.

Noch vor drei Tagen hatte ich doch wirklich gedacht, es wäre alles aus – und nun waren wir wieder unzertrennlich. Doch leider hat alles Gute anscheinend einmal ein Ende.

In Kiel hatte uns der Alltag ziemlich bald wieder zu fassen. Jan hatte noch zehn Tage Uni-Stress vor sich und musste in aller Hektik noch schnell ein Referat fertig machen und halten. Immerhin hatte er meinetwegen zwei Tage geschwänzt, die ihm nun fehlten. Und ich musste auf Station mit Kathrin alleine klarkommen, der einzigen Schwester, mit der ich mich nicht so super verstand aus unserem Team. Zwei Schwestern waren krank – Grippe – und so hetzten wir nur von einem Zimmer zum anderen und schafften trotz der unbezahlten Überstunden gerade mal das Allernötigste. Ich fiel nach Dienstschluss stets wie ein Stein ins Bett und griff höchstens mal zum Hörer, um Jan ein Telefonküsschen rüber zu beamen.

Seufz! Das Leben schien aber auch wirklich manchmal eine Aneinanderreihung von misslichen Umständen zu sein! Na, wenigstens gerieten Kathrin und ich nicht aneinander, weil jede zu viel zu tun hatte, um sich groß Gedanken um die andere zu machen. Bis auf ein paar Spitzen, die ich gekonnt überhörte, blieb es ganz friedlich zwischen uns.

Tja, und dann stand auch schon Weihnachten vor der Tür, wo ich wieder mal arbeiten musste – immer auf die Kleinen! So mussten Jan und ich uns wieder für ein paar Tage trennen, denn er fuhr zu seinen Eltern. „Aus Tradition", sagte Jan, aber das erste Mal, seit wir uns kennen, fehlte der bittere Unterton in seiner Stimme, als er von seinen Eltern sprach.

Ob Gott wirklich was in ihm veränderte? Seit Frankfurt hatten wir dieses Thema noch nicht wieder aufgegriffen und ich begann mich ernsthaft zu fragen, ob Jan nicht längst alles vergessen hatte und weitermachte wie bisher.

Wenn ich mich nicht gerade halb tot schuftete, quälte mich in diesen Tagen die Ungewissheit über Jans Verhältnis zu Gott. Gepaart mit meiner wachsenden Ungeduld eine ganz schön explosive Mischung! Ein paar Mal hätte ich fast das heikle Thema angeschnitten. Dann hab ich mich aber stets eines Besseren besonnen, da ich unsere wenige gemeinsame Zeit nicht mit sinnlosen Diskussionen vergeuden wollte. Und sinnlos wäre es wohl gewesen, Jan danach zu fragen, ob und wie sich seine Einstellung gegenüber Gott schon geändert hätte.

Also blieb mir nichts übrig, als zu warten, zu hoffen und zu beten, dass Gott schon alles in die Hand nehmen würde.

77

„In fünf Tagen ist Weihnachten", dachte Jan, während er die Läden nach geeigneten Präsenten durchkämmte – wie üblich auf den letzten Drücker und wie üblich ohne konkrete Vorstellungen, was er den Leuten schenken sollte.

Bei Pia war es leicht gewesen. Die kannte er ja inzwischen auch so gut, dass er sich genau vorstellen konnte, worüber sie sich freuen würde. So hatte er diese netten handgetöpferten Kaffeebecher vom Weihnachtsmarkt gekauft und noch so eine Holzmöwe, die mit den Flügeln schlägt, wenn man am Band zieht. Die hatten sie mal zusammen irgendwo gesehen und Pia fand sie damals so toll.

Bei Helen war es auch einfach. Die kriegte auch so einen Kaffeebecher und einen breiten tollen Schal. Aber für seine Eltern?!? Das war mal wieder ein ungelöstes Problem. In den letzten Jahren hatten Jan und sie sich so weit auseinander gelebt, dass er kaum wusste, was sie wirklich mochten. Sie standen nun mal nicht auf „weltlichen Tand" und somit war er schon oft genug mit seinen Geschenken auf den Bauch gefallen. In den letzten Jahren hatte er es ganz und gar aufgegeben, ihnen überhaupt noch was zu schenken. Sein letzter Versuch, ihnen etwas Gutes zu tun, indem er ihnen eine Flasche Öko-Wein vom Feinsten mitgebracht hatte, war kläglich gescheitert. Nachdem das gute Stück zwei Jahre im Schrank verstaubt war, hatten Helen und er sich die Flasche schließlich zu Gemüte geführt. Also hatte er es endgültig aufgegeben.

Aber dieses Jahr wollte Jan es trotzdem noch mal versuchen. Ob das nun an dem Gespräch mit Schwester Elisabeth lag? Jan hatte sich seine Gedanken gemacht und festgestellt, dass er seinen Eltern auch ganz schön oft das Leben schwer gemacht hatte. Okay, sie hatten ihre verknöcherten Vorstellungen. Aber oft genug hatte er auch direkt das Gegenteil von dem getan, was sie von ihm erwarteten, nur um sie herauszufordern. Ja wirklich, er hatte sich angewöhnt, sie ständig und in jeglicher Hinsicht zu provozieren, und sich dann in ihren entsetzten Blicken geaalt. Es hatte ihm Spaß gemacht, den verdorbenen verlorenen Sohn zu spielen. Und er hatte gemerkt, dass er sie nicht nur damit ärgern konnte, sondern sie sich auch ernsthafte Sorgen um ihn machten. Immerhin eine Art der Aufmerksamkeit, die er von ihnen bekam.

Aber das alles kam ihm inzwischen dumm und irgendwie kindisch vor und auch gemein. So würde er sie bestimmt nicht ändern . . . und was hatte es für einen Sinn, sie ständig auf die Palme zu bringen? Also hatte er sich nun fest vorgenommen, ihnen wieder was zu schenken. Ob es sich nun als ein Griff ins Klo herausstellen sollte oder nicht – immerhin hatte er guten Willen gezeigt.

Mit diesem Gedanken blieb er vor einem Kerzenstand stehen und sein Augenmerk fiel auf eine dicke rote Kerze mit einer rosa und goldenen Aufschrift: „Es ist ein Ros' entsprungen . . ."

Genau das Richtige, dachte er, als er über seinen Schatten sprang und das reichlich kitschige Stück erwarb. Pia hätte wohl auch anerkennend gelächelt über so viel Selbstverleugnung. Wer kauft schon gerne was, was er selbst total abscheulich findet? Aber seine Eltern hatten nun mal einen etwas merkwürdigen Geschmack. Zum Glück war Pias Geschmackssinn von ihrer neuen religiösen Überzeugung nicht in Mitleidenschaft gezogen. Immerhin etwas. Auch ansonsten unterschied sich ihre Einstellung wohl ziemlich von den erzkonservativen Statuten seiner Eltern. Bis auf das eine eben – aber da sie sich im

Moment eh so wenig sahen, fiel es Jan nicht besonders schwer, seine Hände bei sich zu behalten. Vorerst würde er damit leben können, nicht weiter zu gehen als bislang. Und wer weiß? Pia selbst schien sich ihrer Entscheidung, auf Abstand zu bleiben, auch gar nicht so sicher ...

Aber er würde sie vorerst nicht so schnell wieder überrumpeln. Und wenn sie drauf bestand – na, dann sollte sie zur Not ihren Trauschein bekommen. Eine Ehe mit Pia war ja wohl nicht gerade eine Strafe. Aber im Moment hatte Jan andere Probleme. Das Referat morgen und dann noch diese blöden Geschenke ... Jan ging im Kopf die Liste durch: Pia, Helen, Mama und Papa waren abgehakt ... seinen anderen Geschwistern schenkte er nichts ... blieben noch Oma Hedwig und Oma Husum – ob die wohl auch auf Kitschkram standen?

78

Und das jetzt auch noch! Hörte das denn nie auf mit diesen ewigen Komplikationen und unangenehmen Überraschungen bei uns?

Aber von Anfang an: An seinem letzten Unitag vor den Semesterferien kam Jan nach seinen Vorlesungen zu mir und erzählte mir freudestrahlend von einem Studentenaustausch mit der *University of Washington* in Seattle, USA. Sein Prof hatte das Ding wohl angeleiert im Sinne von Multi-Kulti und Know-How-Austausch und so. Jedenfalls war Jan ganz angetan von der Sache.

„Überleg doch mal, Pia, was das für eine Chance wäre: Für ein halbes Jahr in die Staaten und der Spaß kostet mich bis auf den Flug quasi keinen Pfennig!"

Erst als ich Jans Begeisterung für die Sache spürte, horchte ich auf. Wollte er mich allen Ernstes schon wieder hier sitzen lassen – ausgerechnet jetzt, wo alles endlich mal einigermaßen im Lot war zwischen uns? Und diesmal sogar für ganze sechs Monate?!? Ich war entsetzt, aber Jan war so begeistert von der Aussicht, ein Semester in die Staaten zu gehen, dass er das säuerliche Gesicht, das ich machte, nicht einmal wahrnahm. Er sprudelte einfach weiter die „tolle Überraschung" heraus.

„Professor Siebenknecht hat das Ganze ja schon im letzten Semester angeleiert, aber bisher hatte er nie eine Rückmeldung, ob die Sache nun wirklich steigen kann. Aber nun . . ." Jan grinste breit, als er fortfuhr: „Gestern hat er eine E–mail aus Seattle gekriegt . . . Merry Christmas, sozusagen. Ich weiß zwar noch nicht, ob ich wirklich einer der erlesenen Fünf bin, die mit rüber kommen, aber es haben sich bisher auch erst sechs gemeldet, die überhaupt Interesse haben. Die Sache ist ja auch total kurzfristig. Aber die Chancen stehen gut, dass ich im Januar mitkann. Super, oder?"

Erst jetzt bemerkte Jan anscheinend, dass ich das gar nicht so super fand, denn er nahm mich auf einmal in die Arme und streichelte mir übers Haar.

„Natürlich werden wir uns dann ein paar Monate nicht sehen können, aber vielleicht kannst du dir ja zwischendurch Urlaub nehmen und . . ."

Er hielt abrupt inne, da ich nun wirklich nicht mehr konnte und ihn einfach nur schluchzend umklammert hielt. Ein ganzes langes halbes Jahr sollten wir uns nicht sehen!? Er würde sich ein nettes Leben in den Staaten machen und ich würde ein halbes Jahr hier sitzen und schmachten! Na toll!

Ziemlich wütend auf mich und meine lächerliche Heulerei und vor allem auf Jan befreite ich mich aus seinen Armen und schniefte: „Hättest du mich nicht wenigstens fragen können?"

Jan bemerkte meinen verletzten Unterton und stellte etwas zaghaft die Gegenfrage: „Möchtest du wirklich, dass ich diese Gelegenheit sausen lasse?"

„Nein, natürlich nicht", schoss ich wütend hervor, „oder doch – ach, ich weiß auch nicht . . . Sechs Monate sind eine lange Zeit . . ." Und wieder überkam mich ein heftiger Schluchzanfall.

Mist! Dass ich aber auch nie sachlich bleiben konnte. Es ärgerte mich maßlos, dass ich mich schon jetzt in das Bild des tränenüberströmten, taschentuchwedelnden Frauchens hineinfügte. Ich machte mich steif und ließ nicht zu, dass Jan mich wieder in die Arme nahm.

Etwas kleinlaut versuchte er mir die Sache zu erklären: „Aber ich habe doch selbst erst heute erfahren, dass der Studentenaustausch wirklich starten kann. Ich meine, ich habe dir sogar irgendwann mal davon erzählt, aber da stand das Ganze eben noch in den Sternen. Ja, und nun hieß es schnell zuschlagen, bevor ein anderer den Platz kriegt. Da konnte ich nicht erst zu dir fahren und Kriegsrat halten . . ." Nun gewann auch Jans Stimme an Schärfe: „Ich dachte, du freust dich mit mir und gönnst mir diese Zeit. Ich habe echt nicht geahnt, dass du so ein Drama daraus machen würdest."

Ich zuckte unwillkürlich zusammen. Ein Streit mit Jan und das auch noch über Weihnachten war wirklich das Letzte, was ich wollte. Erschrocken über uns selbst blickten wir einander an, bevor wir uns dann doch in die Arme fielen. Alles schien mal wieder so verworren und aussichtslos.

Hatte es denn überhaupt einen Sinn, ihm die Sache ausreden zu wollen? Würde mir Jan dann nicht unweigerlich die Schuld an einer verpassten Super-Gelegenheit geben? Ich wollte nicht für so lange von Jan getrennt sein, aber noch weniger wollte ich als die große Spielverderberin auftreten.

Schließlich sagte ich mit tränenerstickter Stimme: „Ich gönne dir diese Zeit – ehrlich . . . auch wenn es mir sauschwer fällt."

Jan strahlte mich an, küsste mich und antwortete: „Sechs Monate sind doch gar nicht so lang – und wenn du deinen Jahresurlaub zusammenkratzt, sind es nur noch fünf Monate der Trennung. Außerdem . . ." Jan schob mich sanft von sich, um mir in die Augen sehen zu können. „Außerdem macht sich so ein Auslandssemester gut im Lebenslauf. Und das ist wiederum gut für die Einstellungschancen. Wir wollen doch nicht ewig vom Gehalt einer Krankenschwester leben müssen, oder?" Damit blinzelte er mir verschmitzt zu.

Ich war etwas verwirrt. „Sollte das etwa ein Heiratsantrag sein, oder was?“, schniefte ich.

„Wer weiß“, sagte Jan nur, zuckte mit den Schultern und gab mir einen versöhnlichen Kuss.

79

Jetzt war die Sache also klar. Jan hatte den Platz für Seattle gekriegt. Pia hat zwar ein bisschen gemault, aber schließlich musste auch sie einsehen, dass dies eine Chance war, die Jan sich einfach nicht entgehen lassen konnte. Es waren ja auch nur ein paar Monate, dann konnte sie Urlaub nehmen und nachkommen.

„Wenn ich ehrlich bin, kann diese Zeit auch einen ganz netten Nebeneffekt haben“, dachte Jan. „Bisher bin es ja immer ich, der Pia hinterhergetrauert hat und sie hat mich schön auf Abstand gehalten. Vielleicht ist sie ja nach so einer kleinen Trennungsphase kuriert von ihrem Rühr-mich-nicht-an-Trip.“

Jan grinste verschmitzt in sich hinein, während er die Bodentreppe hinaufging, um seinen Koffer aus der maßlos überfüllten Bodenkammer hervorzukramen. Ein bisschen gemein war es ja, so etwas zu denken, aber manchmal hatte Jan wirklich das Gefühl, Pia wusste gar nicht, was sie an ihm hatte. Wer von seinen Freunden würde sich schon so lange hinhalten und mit Händchen halten und zaghaften Küssen abspeisen lassen? Nein, die meisten hätten – Verliebtheit hin, Verliebtheit her – die Sache nach ein paar Wochen aufgegeben. Nach dem Motto: „Na, dann eben nicht!“

Aber das wollte Jan natürlich nicht. Pia war mehr als nur ein potenzielles Betthäschen. Aber trotzdem . . . manchmal hatte Jan das Gefühl, dass sie keine Ahnung davon hatte, was sie da eigentlich von ihm verlangte. Und vor allem: Wie lange sollte das noch so gehen? Jan war immerhin kein kleiner Bubi mehr. Na, und Pia war eben auch rundherum Frau – wirklich *rund* herum! Gefühlskalt war Pia ja auch nicht. Natürlich reagierte sie auf seine Nähe, ziemlich feurig sogar. Aber irgendwann kam immer der Punkt, an dem sie sich – meist unter irgendeinem banalen Vorwand – zurückzog und ihn seinen Hormonen überließ. Meistens konnte er ja auch damit umgehen, aber manchmal machte ihn das richtig sauer.

Seine Gedanken drehten sich mal wieder im Kreis. Und er war froh, als er in der hintersten Ecke der Bodenkammer ein verstaubtes Etwas erblickte, das sein Koffer sein könnte.

„Ablenkung ist in diesem Fall nicht das Schlechteste und ein wenig Abstand wird vielleicht Wunder wirken", dachte Jan und fühlte sich nur ein ganz klein wenig hinterhältig.

80

Weihnachten kam, Weihnachten ging. Silvester hatte ich frei und Jan und ich gingen zusammen auf die Fete eines Kommilitonen. Inzwischen hatte Jan schon die feste Zusage für Seattle. Sein Flug würde am 18. Januar ab Hamburg gehen.

Alles, was ich an diesem Silvesterabend empfinden konnte, war Abschiedsschmerz. Auch Jan war inzwischen ganz anhänglich geworden. Es war, als müssten wir jede freie Sekunde ausnutzen, um unseren Liebestank noch einmal gut aufzufüllen, bevor wir uns einer fünfmonatigen Dürre aussetzten. So saßen wir eng umschlungen in einer Ecke und ließen das bunte Treiben an uns vorbeiperlen.

Obwohl wir beide von dem Gedanken an die Trennung beherrscht wurden, mieden wir das Thema. Die Zeit, die wir noch hatten, wollten wir wenigstens einigermaßen ungetrübt genießen. Natürlich logen wir uns damit selbst in die Tasche.

Doch ich wollte mich der Illusion, dass alles in bester Ordnung war, noch ein wenig hingeben – auch wenn innerlich meine Spannung mit jeder verstreichenden Sekunde wuchs.

Ein Gutes hatte die Misere immerhin – meine am Nikolaustag begonnene „Stress-Diät“ zeigte erste Ergebnisse und ich hatte fast schon wieder meine eigentlichen 53 kg erreicht. Aber – so dachte ich bitter – wenn Jan erst mal weg war, würde ich mir bestimmt in meinem Gram zentnerweise Schokolade und Haribos reinknallen. Dann käme ich in Seattle an und Jan würde glatt an mir vorbeilaufen, weil er mich vor lauter Speck nicht mehr erkennt. Die etwas sarkastische Vorstellung einer zur Hummel aufgequollenen Frustfress-Pia riss mich nun doch aus meinen trüben Gedanken und ich grinste breit.

„Na, zu neuem Leben erwacht?“, fragte Jan witzelnd und zog mich schwungvoll auf die Tanzfläche.

Wenn der wüsste!

81

„Aber du schreibst mir, ja?“

Unser letzter Abend war schließlich gekommen. Am nächsten Morgen würde Jan in aller Frühe den Flughafenbus nach Hamburg nehmen, während ich brav zur Frühschicht trabe. Immerhin entfielen damit höchst rührselige Taschentuch-Wink-Szenen.

Ich hasse Abschiede. Aber wenn schon, dann bitte kurz und schmerzlos.

Und nun lagen wir doch auf Jans Sofa und hielten einander fest wie mit Sekundenkleber.

„Natürlich schreibe ich dir – vor allem, wenn ich weiß, wie der organisatorische Rahmen aussehen wird, damit du rechtzeitig deinen Urlaub einreichen kannst. Am Ende des ersten Quarters wollen die – glaube ich – noch mit uns ein bisschen durch die Gegend fahren. Verschiedene Farmen angucken und so. Vielleicht kannst du da ja mitkommen. In der Vorlesungszeit bin ich bestimmt zu beschäftigt, um mich groß um dich kümmern zu können . . ."

Wieder schlich sich eine Träne in meinen Augenwinkel. Ich dachte, ich hätte allmählich schon alle verbraucht, aber es kamen doch immer neue. *Ende des ersten Quarters*. Es würde also mindestens April werden, bis wir uns das nächste Mal so in den Armen liegen konnten. Und danach dann noch mal bis Juli – ich buchstabiere: JULI!!! – schmachten . . . Verzweifelt vergrub ich mein Gesicht an Jans Brust. Und auch Jan war gar nicht mehr so zuversichtlich wie sonst immer. Selbst in seinen Augen glitzerten ein paar ungeweinte Tränen.

Warum weinen Männer eigentlich nicht? Würde es die Sache nicht erheblich erleichtern, wenn man sich wenigstens zusammen ausheulen könnte? Stattdessen lagen wir schweigend und eng umschlungen, bis ich mutigerweise den Aufbruch startete.

„Ich muss jetzt gehen, Jan", sagte ich, während ich mich forsch aufsetzte. *Jetzt oder nie – sonst lasse ich ihn gar nicht mehr los*, dachte ich. Also zog ich mir zielstrebig Jacke und Schuhe an. „Wir kriegen sowieso höchstens noch fünf Stunden Schlaf – wenn überhaupt . . ." Ich konnte mir nicht denken, wie ich diese Nacht je einschlafen könnte. „Mach's gut – viel Spaß – und . . .", ich hielt Jans Hände in meinen, schaute ihm gerade in die Augen. „Gott mit dir. Ich werde für dich beten."

Zu meiner Freude und Verwunderung lächelte er bei meinem mutigen Vorstoß. „Ich liebe dich, Pia", war seine Antwort.

Noch ein Abschiedskuss und weg war ich.

Die feuchtkalte mitternächtliche Januarsuppe umfing mich, sobald ich das Haus verließ. Jan stand noch oben am Fenster, aber ich tat so, als sähe ich ihn nicht, sonst wäre ich garantiert, alle guten Vorsätze über Bord werfend, wieder umgekehrt. Ich radelte völlig taub, und das nicht nur vor Kälte, nach Hause.

Allein.

Oder fast.

82

„Hallo, Pia?“

Das Rauschen in der Leitung erinnerte mich schmerzlich daran, dass wir an die 10.000 Kilometer voneinander getrennt waren.

„Wir sind gut angekommen. Bin noch total müde von der Zeitumstellung, aber es ist super hier. Ich wohne in einem Zimmer mit einem Typ namens Rick. Scheint voll okay zu sein. Die anderen haben es wohl auch ganz gut getroffen.“

„Die anderen“ waren drei weitere Männer und ein Mädel. Die Tatsache, dass Henrike sechs Monate mit Jan zusammen sein würde, während ich hier festsaß, hätte mich normalerweise ziemlich fertig gemacht. Doch Henrike war spindeldürr, hatte feuerrote Haare und einen enormen Überbiss. Da ich Jan nun einmal nicht solche Geschmacksverirrungen zutraute, beschloss ich, dass ich von Henrike nichts zu befürchten hatte. (Gnädig, nicht?)

Jedenfalls war ich heilfroh, Jans Stimme zu hören und zu wissen, dass er heil angekommen war.

„Übrigens“, sagte Jan gerade im Plauderton, „deine Gebete scheinen etwas bewirkt zu haben. Der Knabe in meinem Zimmer – also Rick – hat ’ne fette Bibel auf seinem Nachttisch liegen und betet vorm Essen. Früher oder später kriegen sie mich . . .“, lachte Jan in den Hörer und ich wunderte mich über seine neue Lockerheit im Zusammenhang mit unserem Krisenthema.

Es geschehen noch Zeichen und Wunder!

83

Amerika – das Land der unbegrenzten Möglichkeiten. Eine kleine Delegation von Studenten und Dozenten begrüßte die fünf Austauschpartner mit einem großen Transparent: „University of Washington – welcome!“

Jan hatte sich schon während des Fluges gefragt, wie sie wohl die Leute erkennen sollten, die sie zum Campus bringen würden. Mit einer derart gigantischen Begrüßung hatte er allerdings nicht gerechnet. Na, immerhin wussten die fünf Agrarstudenten wirklich sofort, wohin sie sich nach der Passkontrolle wenden sollten, obwohl auch andere ihre Lieben hier mit Riesentransparenten erwarteten. („Welcome home, Daddy“ . . . etc.)

Scheint hier wohl so üblich zu sein, dachte Jan, die wartende Menge überfliegend. Doch zunächst mussten die fünf die Passkontrolle heil hinter sich bringen, was sich als gar nicht so einfach erwies, weil sie ja länger als drei Monate bleiben würden und folglich kein einfaches Touristenvisum besaßen. Außerdem fragte sich Jan, ob er wohl auch den Dreck unter seinen Schuhen hätte im Flugzeug lassen sollen, denn die Amis schienen eine totale Panik vor importierter Erde zu haben. Eigens zu diesem Zweck musste man im Flugzeug einen Schrieb ausfüllen und bestätigen, dass man nicht vorhatte, deutschen Mutterboden, Schlangen, Schnecken oder sonstiges Getier zu importieren. Das Ganze kam Jan recht übertrieben und etwas lächerlich vor und er fühlte sich ein bisschen wie der „Feind des Systems“ damals an der innerdeutschen Grenze.

Nun ja. Aber nachdem alle fünf heil durch die Zollabfertigung waren, begegneten sie sehr netten und äußerst aufgeschlossenen Kommilitonen. Einer von ihnen war Rick, mit dem Jan ein Zimmer teilen sollte.

Die Vorstellung, kein eigenes Zimmer zu haben, sondern Tag und Nacht mit einem anderen Mann verbringen zu müssen, fand Jan nicht gerade beglückend, doch er beschloss das Beste aus der Situation zu machen. Zudem schien dieser Rick ganz in Ordnung zu sein. Henrike hatte da leider weniger Glück. Ihre „Roommate" war anscheinend eine echte Landplage. Sie schnatterte in einer Tour und Jan warf Henrike mitleidige Blicke rüber.

Vom Flughafen aus setzte sich die kleine Gruppe in Bewegung, um noch gemeinsam irgendwo einzukehren. Obwohl Jan vom frühen Aufstehen und dem Flug schon völlig übermüdet war, fand er es ganz witzig, einen ersten Hauch des amerikanischen *way of life* mitzukriegen: Statt einer kleinen gemütlichen Pinte suchten sich ihre Gastgeber einen „Kentucky Fried Chicken"-Schnellimbiss aus. Die Cola in riesigen Plastikbechern sowie die grelle Neonreklame überzeugten Jan endgültig davon, dass er wirklich an seinem Zielort angekommen war.

Als er nach 32 Stunden ohne Schlaf völlig überdreht endlich auf sein Bett sackte, dachte er zufrieden: „Schade nur, dass Rick nicht Pia ist – sonst wäre es einfach perfekt!"

84

Nein, Rick war wirklich nicht Pia, doch schon am nächsten Tag sollte sich herausstellen, dass Rick und Pia eine nicht unerhebliche Gemeinsamkeit hatten: ihren Glauben.

Als Jan gestern Abend das typische dicke schwarze Buch auf Ricks Nachttisch entdeckt hatte, wären fast die altvertrauten Gefühle der Bitterkeit und Verachtung in ihm aufgestiegen. Aber eben nur fast. Er hatte sich zwar seit Frankfurt noch nicht dazu durchringen können, der Sache mit Gott genauer und aktiv auf den Grund zu gehen. Dazu wäre auch in den letzten Wochen gar keine Zeit gewesen in all der Kofferpack- und Abschiedshektik.

Aber eines hatte Jan sich immerhin in Frankfurt vorgenommen: das nächste Mal, wenn Gott in der einen oder anderen Form mal wieder seine Wege kreuzte, nicht voreingenommen zu sein. Vielleicht war ja doch etwas daran, was die alte Diakonisse ihm erzählt hatte. Vielleicht hatte er ja wirklich bisher ein ganz falsches Bild von Gott gehabt. Es waren immerhin schon zwei eigentlich sehr vernünftige Leute – Pia und Elisabeth –, die ganz anders von Gott sprachen, als er es bisher getan und gehört hatte. Mit Rick waren es anscheinend nun schon drei.

Denn obwohl Rick bisher noch kein Sterbenswörtchen von seinem Glauben erzählt hatte, so hatte Jan ihn doch sehr genau beobachtet. Das erste Mal, dass Jan stutzig geworden war, war, als Jan einen bissigen Kommentar zu Henrikes Mitbewohnerin losgelassen hatte. Jan war sich sicher, dass jeder vernünftige Mensch Alice als totale Nervensäge empfinden würde.

Aber statt in eine fröhliche Lästerrunde gegen dieses unmögliche Frauenzimmer einzustimmen, sagte Rick nur kurz: „Ach, weißt du, Jan, Alice hat es auch nicht leicht. Keiner mag sie so recht. Ich glaube, sie will einfach nur ein bisschen angenommen sein – deswegen ist sie so . . . na, so wie sie eben ist."

Das war Jans Meinung nach eine *sehr* wohlwollende Art der Darstellung. Aber irgendwie gefiel es ihm, dass Rick dieses absolut unmögliche Mädel verteidigte. Es vermittelte Jan das sichere Gefühl, Rick vertrauen zu können. Wenn er selbst über Alice einen so netten Kommentar parat hatte, musste man wohl schon ziemlich harte Brocken werfen, um Rick ernsthaft zu verprellen.

Am nächsten Morgen dann nach viel zu kurzem Schlaf wurde Jan von leisem Geknister geweckt. Er blinzelte verschlafen und musste sich erst mal orientieren, wo er überhaupt war. Als ihm dämmerte, dass dies wohl sein neues Domizil für die nächsten sechs Monate sein müsste, suchte er das Zimmer nach der Quelle des Weckgeräusches ab.

Das Geknister kam nicht etwa von Mäusen, die sich in der Glaswolle der Wandisolierung zu schaffen machten, wie dies zu Hause bei seinen Eltern der Fall gewesen wäre. Nein, Husum war weit, weit weg. Dies war Amerika. Und das Geknister kam von Rick, der angezogen auf seinem Bett lag und angeregt in das dicke schwarze Buch starrte. Er hatte Jan noch nicht bemerkt und so konnte dieser unbeobachtet „Mäuschen spielen". Regungslos und durch halb geschlossene Lider starrte er zu Rick hinüber.

Von Zeit zu Zeit schloss Jans Mitbewohner die Augen und bewegte seine Lippen. Und dann wieder las er in dem Buch. Jan fühlte sich etwas schuldig, dass er seinen neuen Kumpel in solch einem privaten Moment heimlich beobachtet hatte. Also fing er jetzt an, sich lautstark zu rekeln, um Rick vorzuwarnen.

Zu Jans großer Überraschung beendete Rick die anscheinend innige Zweisamkeit mit seinem unsichtbaren Zuhörer danach jedoch keineswegs abrupt. Erst nach weiteren fünf Minuten etwa klappte Rick seine Bibel zu und sagte schlicht: „Hallo, bist du wach? Dann will ich uns mal einen schönen schwarzen Kaffee machen." Und weg war er.

Zum Frühstück dann, das Rick schon fix und fertig hatte, als Jan frisch geduscht und angezogen in die Gemeinschaftsküche trat, fiel Jan auf, dass Rick vor dem Essen den Kopf neigte und – wie es schien – wieder betete. Ansonsten war er aber ganz normal, ja sogar eher ziemlich nett, wie Jan sich eingestehen musste. Wenn Jans Eindruck stimmte, dann war Rick wirklich schon der dritte Christ in Jans Leben, der nicht in das Bild der verknöcherten alten Moralprediger passte, das Jan bislang von Christen gehabt hatte.

Hm – sehr hm!, dachte Jan, während er seinen dampfend heißen Kaffee schlürfte. Und dann beschloss er ein zweites Mal: *Also gut, ich werde Gott eine Chance geben – wer weiß, vielleicht bin ich ja wirklich schief gewickelt bisher ...*

85

Der 3. Februar ... Jan war erst zwei Wochen weg und es kam mir vor, als wäre es ein Jahr! Ich wusste nicht, wie ich das aushalten sollte – ehrlich nicht!

Solange ich wie ein Pferd arbeiten musste, hatte ich immerhin nicht so viel Zeit, mich meinem Gram hinzugeben. Aber heute war mein erster freier Tag von fünfen und somit war da ein Riesenloch in mir. Sch ...! Fast sehnte ich mich nach der Zeit zurück, wo Jan und ich noch gar nicht zusammen waren. Was ich nicht wusste, machte mich auch wirklich nicht heiß ...

Aber leider *wusste* ich jetzt, wie schön es war, sich an ihn zu kuscheln. Leider wusste ich jetzt auch, was für ein lieber, toller Mann Jan war. Nun konnte ich mir nichts mehr vormachen wie damals, als ich kurzerhand mein Köfferchen gepackt hatte und nach Frankfurt abgedüst war. Damals hatte ich einfach so getan, als vermisste ich Jan gar nicht. Ja, manchmal hatte ich sogar meine eigene Lügenstory geglaubt und ihn tatsächlich kaum vermisst.

Aber jetzt wurde ich fast wahnsinnig und heulte mir jede freie Minute die Augen aus! Zum Mäusemelken! Und dabei hatte ich so gute Vorsätze gehabt. Als feststand, dass Jan wirklich nach Amerika gehen würde, hatte ich mir felsenfest vorgenommen, das Beste daraus zu machen.

„Pia", hatte ich mir gesagt, „dass Jan fährt, kannst du eh nicht ändern durch dein Geheule – also mach das Beste draus! Mach dir ein nettes Leben, besuch Leute, fahre in deinen freien Tagen durch die Gegend und mach einfach Sachen, die du sonst nie machen würdest. Einen Kurztrip nach London, zum Beispiel ..."

Aber jetzt saß ich doch hier rum und war gefrustet. Was sollte ich denn in London – alleine? Auch wenn's nur 'n Appel und 'n Ei kostete – es machte einfach keinen Spaß ohne Jan. Und außerdem musste ich meine Kröten zusammenhalten, wenn ich im April für drei Wochen zu Jan rüberfliegen wollte; falls das mit dem Urlaub überhaupt klappte. Und Freundschaften pflegen . . . Wer hatte denn schon mitten in der Woche Zeit, wenn ich meine freien Tage abfeierte?! Anke leider nicht. Die hatte erst abends um sechs Feierabend und Lisa war mit ihrem Lover auf Mallorca. Außerdem war Lisa ja sowieso nie da, wenn man sie mal brauchte.

Und sonst? Wer wollte schon mit einem verlassenen Trauerkloß wie mir was unternehmen? Mal ehrlich – ich war doch wirklich keine amüsante Gesellschaft im Moment.

Da fiel mir Jan ein – was er wohl jetzt machte? Mal sehen; 9:30 Uhr minus neun Stunden Zeitverschiebung macht mitten in der Nacht.

Schlaf gut, Jan, träum was Schönes – und vergiss mich nicht!

86

Also, Anke sagte, ich solle mir keine Gedanken machen, aber ich konnte nicht anders. Die Sache wurmte mich. Ja, Jan schrieb mir schon – aber so selten!

Ich flitzte jeden Tag zum Briefkasten – ja, ich entwickelte in der letzten Zeit eine richtige Briefkastenneurose. Ich erwischte mich dabei, wie ich mehrmals am Tag die Klappe aufschloss und in den verwaisten Blechkasten starrte. Als könnte ich durch wiederholtes Nachsehen aus dem guten Stück doch noch ein Brieflein wringen. Aber nix da!

Na gut, dann schrieb ich eben auch nicht mehr. Basta! Jedenfalls nicht, bevor Jan mal was von sich hören lassen hatte. Gestern hatte ich schon den dritten Brief hintereinander an Jan abgeschickt. Und? Nach seinem ersten – zugegebenermaßen sehr ausführlichen – Brief war jetzt Funkstille. Okay, einmal hatte er noch kurz angerufen, doch da hatte er mich mitten aus dem Schlaf gerissen und ehe ich richtig wach war, war das Gespräch auch schon zu Ende gewesen. Das zählte also nicht.

Na gut, er hatte bestimmt jede Menge zu tun dort drüben und kam gar nicht zum Schreiben. Aber er konnte doch wenigstens mal zehn Minuten für mich erübrigen, oder? Ich dachte, er liebt mich! Stattdessen saß ich hier seit fast einem Monat auf dem Trockenen.

Und dann auch noch die Sache mit Henrike.

Da sie ja scheinbar so eine fürchterliche Zimmernachbarin hat, flüchtet sie dauernd zu den Jungs ins Zimmer. Und Jan schien sich dazu auserkoren zu fühlen, der armen Frau Unterschlupf zu bieten! Die sollte bloß Abstand halten!

Anke meinte zwar, das Ganze klinge total harmlos – aber ha! Wer weiß? Was nicht war, konnte ja noch werden! Und wenn nicht Henrike, dann machte sich vielleicht irgendein aufgedonnertes Ami-Weib an Jan heran.

Ich könnte platzen! Und ich saß hier fest, das war doch alles fürchterlich ungerecht, oder?

„Klapper, klapper" – der heiß ersehnte Sound des Briefkastens riss mich aus meinen finsteren Gedanken. Wie ein Blitz stürmte ich die Treppe hoch und hatte eine Sekunde später den Brief in der Hand, der das Wutgegrummel in mir sofort in Luft auflöste.

Auf der Rückseite stand: *Von einem, der sich nach dir sehnt.* Und auf Wolken schwebte ich zurück in meine gar nicht mehr finstere Kellerwohnung und bemerkte nicht mal mehr die Elefantenherde, die über mir gerade Fußball spielte.

87

Liebe Pia, blabla . . .
. . . es wird dich interessieren, dass Rick mich zu einem Studentengottesdienst mitgenommen hat . . .

Und ob mich das interessierte! Es geschahen ja wirklich noch Zeichen und Wunder! Jan ging freiwillig in einen Gottesdienst! – Schnell weiterlesen.

Das Ganze war gar nicht so übel. Viel lebendiger als ich das von zu Hause gewohnt war. In Husum habe ich schon beim Betreten des Kirchenschiffes immer gedacht: „Hoffentlich ist es bald zu Ende!" Ein Wunsch, der meist unerfüllt blieb, da sich die eine Stunde, die ich mit meinen Eltern jeden Sonntag brav absitzen musste, immer wie zäher Brei dahinzog. Immer erst kurz bevor ich mich der sicheren Überzeugung hingab, ich müsse wohl an Langeweile kläglich zugrunde gehen, riss mich die Flut der abschließenden Orgelwellen doch noch einmal ins Leben zurück. Galgenfrist: Eine Woche!

Aber hier ist es ganz anders! Ich war erstaunt, als das Meeting zu Ende war – ich hätte gut und gerne noch eine Stunde ausgehalten, dabei dauerte das Ganze schon über zwei Stunden! Erstaunlich, nicht?

Aber freu dich bitte noch nicht zu früh. Die Sache mit Gott lasse ich ganz langsam angehen. Es ist alles so neu für mich und ich will nichts überstürzen. Nur so viel: Was die Leute hier sagen und vor allem vorleben, klingt für mich

recht überzeugend. Werde jetzt wohl regelmäßig an den Meetings teilnehmen.
Nächsten Monat steigt so 'ne Wochenendfahrt zu irgendeinem überregionalen christlichen Studententreff. Mal gucken. Vielleicht fahre ich da sogar mit.
Und du? Wie sieht dein Plan für die nächste Zeit aus? Hast du dir was Besonderes vorgenommen?
Vermisst du mich sehr?
Ich habe, ehrlich gesagt, tagsüber kaum Zeit, dich zu vermissen. Es ist einfach zu viel los. Nur manchmal, wenn ich etwas sehe, was mich an dich erinnert, wird mir ganz anders. Und abends beim Einschlafen muss ich an dich denken – wie auch jetzt gerade. Aber meistens falle ich nach den ausgefüllten Tagen total kaputt ins Bett und komme nicht mal zum Schreiben. Sorry!
Ich liebe dich trotzdem wahnsinnig. Wie sehr ich dich liebe, merke ich immer dann am meisten, wenn ich dich vermisse. (Schnief!) Aber es ist ja jetzt gar nicht mehr so lange, bis du kommst. Hast du im April Urlaub gekriegt?
Das erste Quarter endet am 3. April. Dann haben wir eine Woche Urlaub, wo wir ein bisschen rumfahren wollen, bevor das zweite Quarter für weitere elf Wochen losgeht.
Also, liebste Pia, schreib mir bitte, sobald du deine genauen Flugdaten hast, damit ich hier alles organisieren kann.
Ich freu mich schon so auf dich!
100.000 Küsse,
dein Jan

Durch einen kleinen Tränenschleier las ich wieder und wieder diese Seiten und konnte es gar nicht fassen.

Gott war eindeutig am Ruder und das trotz meiner ungläubigen Pseudogebete!

88

„Es war einfach gigantisch heute – zu schade, dass Pia nicht hier ist . . .“, dachte Jan, während er sich total kaputt, aber glücklich auf sein Bett schmiss.

Es war ein Samstag und so hatte ein Kumpel, den Rick von früher kannte, sein Auto voller Leute gepackt und war mit ihnen mal eben nach Kanada gedüst. Als Tagesausflug mit netter Sightseeing-Einlage für die Gäste aus Deutschland.

Es hörte sich für Jan immer noch komisch an: „Ja, und dann sind wir mal eben kurz nach Kanada rübergefahren . . .“ Wenn er der Aufschneidertyp gewesen wäre, böte diese Tatsache wirklich glänzenden Stoff zum Prahlen. Aber Seattle lag nun mal wirklich dicht an der kanadischen Grenze und somit war das Ganze so, als würde man von Kiel aus einen Abstecher nach Dänemark machen. Für die Amis natürlich keine große Sache. Aber für Jan und auch für Henrike und Sven. Die waren auch ganz high von diesem Tag.

Es war schon echt genial, was sie hier alles zu sehen kriegten. Vancouver hatte gleich ein anderes Flair als die Städte jenseits der kanadischen Grenze. Viel europäischer und mit einem viktorianischen Einschlag. Überall rote Ziegel und Kopfsteinpflaster. Für Deutsche natürlich ganz normal, aber nach den vielen Flachbauten aus Holz und weißem Putz war das schon was Besonderes. So, als wäre man nach Überschreiten der Grenze wirklich in eine andere Welt getaucht.

„Witzig, wie schnell man sich an den ‚American way of life‘ gewöhnen kann“, schoss es Jan durch den Kopf.

Nach Vancouver Island waren sie auch hinüber geschippert und er hatte – wie es sich für einen richtigen Touristen gehörte – einen ganzen Film verschossen. Aber eigentlich fühlte er sich gar nicht mehr so sehr als Tourist. Die Leute hier waren einfach so nett und nahmen einen sofort auf in ihre Clique. Man machte ständig irgendetwas Witziges zusammen. Videonächte mit Pizza-Service, Segeltörns, Bergtouren, Drive-in-Kinobesuche, ein Baseballspiel und so weiter. Aber das Ganze war nicht nur nettes Rahmenprogramm für die deutschen Austauschstudenten, sondern das ganz normale Leben. Hauptsache, man hatte „Fun". Das schien hier das Lebensmotto der Leute zu sein: Möglichst viel Spaß zu haben. Auch die Christen übrigens!!! Und das hatte Jan ja fast umgehauen. Nachdem er nun jahrelang die armen, geknechteten Christen bedauert hatte, weil sie ein so tristes Dasein fristen mussten, in dem alles verboten war, was Spaß macht, so schienen hier die Christen allen anderen in nichts nachzustehen. Ganz im Gegenteil. Manchmal schien es Jan, als machten sie besonders viel los.

Vor oder nach den Meetings ging man wenigstens noch zusammen ein Eis essen oder man verabredete sich für irgendeine gemeinsame Aktion. Schlittschuh laufen in der Kunsteishalle, zum Beispiel.

Okay, die Leute hier drüben waren insgesamt viel lockerer als die stockfisch-artigen Norddeutschen, die Jan so kannte. Bis man da mal ein paar Leute kennen lernte – das dauerte! Hier dagegen war man sofort mittendrin.

Aber dass sogar die Christen hier so gut drauf waren . . .?! Keine Trauerklöße und Spielverderber! Das stellte sein gesamtes Konzept auf den Kopf. Wobei die Christen hier durchaus ihre recht strengen Maßstäbe hatten, soweit Jan das mitbekam. Ein nettes Bierchen nach Feierabend war für die zum Beispiel völlig tabu – etwas wunderlich, denn das hatte sich sogar sein Paps oft gegönnt. Und mit dem Sex vor der Ehe hatten sie wohl auch ihre Schwierigkeiten, soweit Jan Rick da richtig verstanden hatte. Jan hatte ihn in einem vertraulichen Augenblick, in dem sie über Pia geredet hatten, mal direkt gefragt.

Aber ansonsten waren sie einfach nur gut drauf. Das gefiel Jan. Er wünschte, Pia könnte es miterleben. Vielleicht würde dann auch sie einige ihrer merkwürdigen Vorstellungen zu den Akten legen. Dann würde es Jan auch viel leichter fallen, das Ganze nachvollziehen zu können.

Ja, wenn er es sich richtig überlegte, waren es vor allem diese ultra-konservativen Verschrobenheiten, die ihn in Deutschland immer an den so genannten Christen genervt hatten. Aber vielleicht musste das ja gar nicht unbedingt sein? Vielleicht konnte man auch einfach an Gott glauben, ohne darüber eine absolut verklemmte und komische Figur zu werden? Denn im Stillen trug sogar Pia wohl immer noch das Idealbild dieser Nonnen mit sich herum und fragte sich bei allem, was Spaß machte, ob das denn wohl „erlaubt“ war. So kam es Jan jedenfalls vor.

Zu gerne hätte er mit Pia über diese Dinge geredet. Schreiben konnte er sie ihr nicht, dazu waren seine Gedanken und Beobachtungen alle noch zu vage.

„Aber wenn sie erst mal hier ist“, überlegte Jan beim Einschlafen, „dann wird sie bestimmt auch sehen, wo sie bisher schief gewickelt war.“ Und damit drehte er sich zufrieden auf die Seite und schlief mit wohligen Pia-Gedanken sofort ein.

89

Hurra! Jetzt waren es nur noch vier Wochen, bis wir uns wieder sehen würden. Am 1. April würde mein Flug gehen – und das war kein Aprilscherz! Sollte bis dahin nicht gerade die Welt untergegangen sein oder so was, würden wir uns also in vier Wochen und 27 ½ Stunden wieder in die Arme fallen können.

Am Nachmittag hatte ich den Flug gebucht, was mir den absoluten Kick gegeben hatte. Jetzt war es eben nicht mehr nur ein ferner Tag irgendwann in den nächsten Monaten, sondern richtig real!

Vor lauter Euphorie habe ich mir danach noch ein neues Outfit gegönnt: Schwarze Jeans und einen netten Pulli – ziemlich eng zur Feier meiner verschwundenen Fettpölsterchen, damit

Jan auch ein bisschen was zum Gucken hatte, wenn ich ankam. (Nein, meine Eitelkeit hatten mir die Schwestern nicht austreiben können ... aber ein bisschen was aus sich machen kann ja wohl nicht schaden, oder?)

Also, jedenfalls lag ich jetzt auf dem Bett und träumte vor mich hin. Natürlich kam alles immer ganz anders, als man sich das in seinen rosaroten Blümchenträumen so ausgemalt hat. Und trotzdem stellte ich mir gerade vor, wie es wohl sein würde, wenn Jan mich in Seattle vom Flughafen abholte. Aller Trübsinn der letzten Wochen hatte sich gerade in Luft aufgelöst. In Luft und Liebe sozusagen. Das Leben war doch echt herrlich!

90

Ich wollte gerade wieder eine Schmollrunde einlegen, weil Jan schon wieder über zwei Wochen – ja, fast drei – nichts von sich hören lassen hatte, doch dann kam gerade rechtzeitig dieser Brief.

Und nun saß ich hier und war einfach platt. War das ein Scherz oder träumte ich?

Der Brief bestand aus wenigen Zeilen:

Liebe Pia!
Ich will dich nur kurz vorwarnen, damit du nicht aus den Latschen kippst, wenn du kommst. Also, ich gehöre jetzt auch zur Truppe. Rick hat mich überzeugt bzw. seine Gemeinde hier, oder war es Gott selbst? Jedenfalls sind wir jetzt wohl Geschwister, du und ich, hat man mich aufgeklärt. Liebe dich aber trotzdem alles andere als geschwisterlich

und kann es kaum erwarten, dich in zehn Tagen zu sehen.
100.000 Küsse,
Jan

Ja, wie jetzt?!? Wusste Jan überhaupt, was er da schrieb? Ich meine, wollte er mir nur eine kleine Freude machen, indem er so tat, als hätte er sich bekehrt?

Statt an die Decke zu gehen vor Freude war ich eher total verwirrt. Sollte das jetzt die Antwort auf Hunderte von Gebeten sein? Einfach so, ratzfatz? Warum konnte er denn nicht wenigstens ein bisschen über das Wie und Warum des Ganzen schreiben? Ich hätte am liebsten gleich zum Hörer gegriffen, aber ich konnte ja schlecht um 2:00 Uhr nachts das halbe Wohnheim aufwecken, nur weil es mir gerade in den Sinn kam, Jan anzurufen.

Oh Mann, wenn ich nur sicher hätte sein können, dass das Ganze keine Finte war, sondern echt! Und plötzlich fiel mir wieder dieser Spruch ein, den Elisabeth mir gesagt hatte, bevor Jan nach Frankfurt kam, und ich fing ein bisschen an zu glauben: „. . . er wird's wohl machen."

91

In vier Stunden musste ich schon aufstehen und hatte noch kein Auge zugetan. Vielleicht sollte ich den Versuch gleich aufgeben, in Ruhe frühstücken und mich gemütlich auf den Weg zum Flughafenbus machen. Aber was sollte ich da so ewig früh? So anheimelnd war die Atmosphäre am ZOB um 5:00 Uhr früh auch nicht, dass ich mir das länger als nötig antun musste. Also startete ich doch noch einen Versuch einzuschlafen.

Nur wie? Mit Schäfchen zählen hatte ich es schon versucht,

aber die Biester waren total störrisch und wollten einfach nicht übers Gatter hüpfen. Also einschläfernd war das folglich nicht. Wieder und wieder malte ich mir unser Wiedersehen aus und dann war an Schlaf natürlich gar nicht mehr zu denken. Zu blöd. Da hatte ich mir so viel Mühe mit dem passenden Outfit gegeben, um auch ja recht knackig auszusehen für meinen Schatz und nun konnte ich nicht schlafen. Bis ich da war, würde ich dann wohl an die 40 Stunden keinen Schlaf gehabt haben und aussehen wie eine Nachteule.

Na, Pech! Zum Glück legte Jan ja sowieso nicht so viel Wert auf ein top-gestyltes Äußeres. Und jetzt, wo er anscheinend Christ geworden war – falls das stimmte –, war ihm das vielleicht noch unwichtiger. Bingo! Damit waren wir dann wieder beim Thema, das mich die vergangenen Tage schon umgetrieben hatte: War er oder war er nicht? Ich hatte ihn leider nie erwischt am Telefon und zum Schreiben war es ja schon zu spät. Also musste ich mich wohl oder übel gedulden, bis wir uns heute – HEUTE – Abend wieder sahen. Nach 42 Stunden ohne Schlaf. Denn mal gute Nacht, Marie!

92

Ja, es waren sogar 43 $^1/_2$ Stunden ohne Schlaf, wenn man einmal von den halbstündigen Nickerchen im Flugzeug absieht. Dafür hatte ich dann, kaum angekommen, 16 Stunden am Stück geschlafen.

Ich wohnte in so einer Art Gästehaus auf dem Campusgelände. Bei Jan und Rick im Zimmer waren leider keine Girls erlaubt, sonst hätte ich es ja glatt vorgezogen, dort auf einer Isomatte zu kampieren. Nun ja, dafür hatte ich hier immerhin ein vernünftiges Bett und Jan konnte mich auch jederzeit besuchen. Auch gut. Sonst hätten wir ja immer Rick dabei gehabt.

Apropos Rick. Der Knabe schien echt nett zu sein. Also, er machte jedenfalls einen ganz christlichen Eindruck – wenn es so was gibt.

Jedenfalls glaubte ich jetzt wirklich allmählich, dass es Jan ernst war mit Gott. Ich dachte zwar immer noch, es wäre alles nur ein schöner Traum und gleich wache ich auf, aber bisher schien es zu stimmen. Na, ich würde es ja erleben, denn übermorgen, am Sonntag, wollten wir zu dieser Studentengemeinde fahren, die Jan so beeindruckt hatte. Ich war ja mal echt gespannt.

Bis dahin würden wir einfach unsere knappe Zeit miteinander genießen, ohne uns über so tief greifende Dinge Gedanken zu machen. Um 14:00 Uhr wollte Jan mich abholen, um mich ein bisschen rumzuführen. Ein Blick zur Uhr: Schock! Noch 20 Minuten, um zu duschen und mich irgendwie passabel herzurichten. Jetzt aber los!

93

„Du siehst klasse aus – hab ich dir das schon gesagt?"

Zugegeben, ich hatte mir schon recht viel Mühe gegeben, mich in zehn Minuten noch einigermaßen präsentabel rauszupellen, aber das jetzt von Jan zu hören, machte mich doch etwas verlegen. So zuckte ich also nur mit den Schultern und lächelte hilflos.

Das schien ihn nicht zu stören, denn kurz darauf fielen wir uns in die Arme und holten die stürmische Begrüßung nach, die wir uns gestern Abend hatten verkneifen müssen, weil leider Rick zum Flughafen mitgekommen war. Der blickte zwar immer gekonnt und diskret zur Seite, aber man mag sich dann ja doch nicht so austoben, zumal Rick im Moment solo ist.

Tja, und als Jan mich hier im Gästehaus abgeliefert hatte,

blieb es auch mehr oder weniger beim Gute-Nacht-Küsschen, da ich fast im Stehen einschlief. (Merke: Schlafmangel ist liebestötend!) Wie auch Hunger. Der jedenfalls brachte uns diesmal auseinander.

Denn als sich mein Magen wiederholt lautstark bemerkbar machte, ließ Jan grinsend von mir ab und meinte: „Na, nun müssen wir uns wohl erst mal was zu futtern besorgen, sonst frisst du mich noch auf, so wie sich das anhört."

Ich war froh, dass wir nicht in die Mensa, sondern in ein kleines mexikanisches Restaurant gingen, wo uns keiner kannte.

Es war einfach zu herrlich, endlich wieder bei Jan zu sein. Drei Monate waren eine ganz schrecklich lange Zeit. Wenn ich daran dachte, dass wir danach noch mal so eine lange Trennung vor uns hatten . . . Aber daran wollte ich jetzt nicht denken. Einfach nur den Augenblick genießen. Jan und ich . . . und dann noch diese total leckeren Nachos – einfach perfekt!

94

„Wirklich, Pia, es ist absolut genial hier." Jan war sichtlich begeistert. „Wenn ich mir all die Möglichkeiten ausmale, die man hier hat. Die denken in der Landwirtschaft in ganz anderen Kategorien als wir mit unseren paar Morgen. Papas Hof wäre hier die absolute Lachnummer."

Erfreut stellte ich fest, dass Jan gerade „Papa" gesagt hat und nicht „mein Alter" wie sonst.

„Natürlich bergen diese gigantischen Monokulturen auch unheimliche Risiken, sodass immer neue Getreidesorten hermüssen, die bei gesteigerten Erträgen gleichzeitig auch weniger anfällig sind gegen Pilz- oder Insektenbefall." Hier machte Jan eine Pause und schaute mich prüfend an, bevor er fortfuhr: „Ja, und dann sind wir ganz schnell bei Genmanipulationen."

Dieses Wort riss mich in die Realität zurück. Die ganze Zeit hatte ich mich an Jans begeisterter Rede gefreut – aber vor allem einfach daran, dass er da war und ich bei ihm war. Ich hatte nur halb zugehört, was er da eigentlich von sich gab. Aber das ließ mich doch aufhorchen. Ich schaute Jan entsetzt an, denn für mich sind Genmanipulationen einfach abartig, gefährlich, unheimlich und eklig. Wer weiß denn, was in ein paar Jahren aus dem hochgelobten Gen-Soja wird – ob er vielleicht, in Massen angebaut, der neue heimtückische Allergie-Auslöser ist oder sonstwie mutiert. Die Horrorvision eines Gen-Soja-Frankensteins ließ mich erschauern, als ich Jan weiterreden hörte.

„Natürlich steckt das Ganze noch in den Kinderschuhen – aber gerade das ist ja die Chance. ... Du scheinst aber nicht gerade begeistert zu sein, oder?"

Nein, zugegeben, ich konnte kaum weniger begeistert sein. Dass so merkwürdige Abartigkeiten wie Gen-Experimente oder das Klonen von Kälbern und Schafen *irgendwo* auf der Welt betrieben werden, ist eine Sache, aber die Vorstellung, dass *mein Freund* da die Finger mit im Spiel haben könnte, war ein ganz anderer Film. Natürlich wollte ich auch keinen Streit vom Zaun brechen – es war ja schließlich seine Entscheidung, was er beruflich machte ... aber unangenehm war mir das Ganze doch. Das sagte ich ihm dann auch.

„Konnte ich mir schon denken, dass du so reagierst", sagte Jan lächelnd und gab mir einen Kuss. „Ich hab da auch so meine Skrupel, in die innerste Programmierung der Pflanzen und Tiere einzugreifen – das scheint mir irgendwie anmaßend, oder?" Er zuckte mit den Schultern. „Es ist nur unheimlich spannend ... ein Spiel mit dem Feuer ... und außerdem wirklich lukrativ, wie man hört. Aber keine Angst, ich werde uns auch ohne Gen-Raps durchfüttern können, meinst du nicht?" Und damit zog er mich an sich und küsste mir jede Widerrede von den Lippen.

95

„Ach, Pia, bevor wir zum Gottesdienst gehen, muss ich dich, glaub ich, ein bisschen vorwarnen ...“

Erstaunt blickte ich zu Jan auf. Was kam denn nun schon wieder? Dieses Land schien wohl immer für Überraschungen gut zu sein. Erst unsere Diskussion über Genmanipulationen und die frappierende Entdeckung, dass Jan sich von so etwas fasziniert zeigte; dann gestern Abend noch eine Überraschungsparty für mich – organisiert von allen neuen Freunden, die Jan hier gefunden hat. Okay, das war wirklich eine angenehme Überraschung. Lucy hatte sich total Mühe gegeben. Wir hatten sturmfreie Bude im Haus ihrer Eltern und haben uns Pizza kommen lassen und zum Schluss noch zwei Videos geguckt, die allerdings etwas öde waren. Irgend so ein Basketballfilm und dann eine Liebesschnulze.

Ich war schrecklich müde, aber es war trotzdem so herrlich, einfach in Jans Arm zu liegen. Da war es ganz egal, ob ich nun die Filme verstand oder nicht. Ich kam sowieso sehr schnell an die Grenzen meines englischen Wortschatzes. Wenn ich dann auch noch hundemüde war, kriegte ich rein gar nichts mehr mit. Ich war nebenbei bemerkt echt erstaunt, mit welcher Geläufigkeit Jan sich hier durchwurstelte. Er verstand nicht nur absolut alles, sondern konnte es mir sogar noch direkt übersetzen. Ich war beeindruckt!

Tja, aber zu viele Überraschungen in zu kurzer Abfolge konnte ich trotzdem nicht so gut ab. Also lauschte ich gespannt, was Jan nun vom Stapel lassen würde, während ich mein Toast weiter bearbeitete. (Jan war gerade zum Frühstück gekommen.)

„Also, die Form des Gottesdienstes dürfte dir vielleicht etwas ...“, Jan suchte sichtlich nach der treffenden Umschreibung dessen, was ich in einer Stunde erleben würde. „Na ja, diese Treffen sind eben ganz anders, als ich das von zu Hause her kannte. Lebhafter – und äh ... na, du wirst ja selbst sehen", brach er den Versuch einer genaueren Schilderung etwas unbeholfen ab. „Mir jedenfalls gefällt diese Art. Es ist lange nicht so steif wie zu Hause oder irgendwo, wo ich sonst mal im Gottesdienst war. Das Ganze wirkt viel überzeugender und echter auf mich ... Ich glaube, in einer normalen Kirche wäre ich nie auf den Trichter gekommen. Der Laden kam mir immer viel zu verheuchelt und total verstaubt vor. Aber hier kann man so richtig mitgehen. Ich habe immer das Gefühl, als wäre der Gottesdienst ganz allein für mich gemacht. Die Lieder, die Predigten ... die treffen voll ins Schwarze bei mir und manchmal gibt's sogar Prophetien, wo Gott direkt zu den Leuten redet. Echt stark."

Jan musste meinen fragenden Blick aufgeschnappt haben, denn er nahm jetzt meine Hand in seine und sagte beruhigend: „Keine Angst, das ist keine wilde Sekte oder so was. Sie glauben nur, dass Gott sich nicht verändert hat – seit den Zeiten der Bibel, meine ich. Ach, du wirst schon sehen, du wirst es auch ganz super finden."

Ich war mir da alles andere als sicher, wollte mich aber nicht im Vorfeld mit Jan anlegen. Also biss ich in meinen Toast und unternahm einen zaghaften Versuch eines Na-klar-ist-alles-in-Butter-Lächelns. Jan lächelte zurück.

96

Ich hatte ja schon manches erlebt – aber dies hier schoss echt den Vogel ab!

Aber von Anfang an.

Wir kamen kurz vor Gottesdienstbeginn in diesem nicht besonders kirchenähnlichen Raum an. Es muss wohl mal ein Kinosaal gewesen sein oder so was – jedenfalls sah das Haus von außen eher heruntergekommen aus – aber okay, Studenten haben ja auch kein Geld. Noch bevor wir überhaupt die Tür erreicht hatten, schlug uns schon der Geräuschpegel einer gut gefüllten Kneipe um Mitternacht entgegen. Hilfe suchend schaute ich Jan an, aber der lächelte nur und schob mich weiter Richtung Türsteher.

Ein ebenfalls breit lächelnder ca. 30-jähriger Farbiger begrüßte uns sehr herzlich, und während mich Jan in eine der mittleren Reihen des proppenvollen Saales führte, fragte ich mich nur, ob wir unsere Gesangbücher wohl von zu Hause hätten mitbringen müssen, denn am Eingang lagen keine. Als ich meinen Blick jedoch durch unsere Reihe schweifen ließ, bemerkte ich, dass hier keiner ein Gesangbuch hatte. Nun gut. Vielleicht sangen die ja nicht – oder kannten alles auswendig!

Ich fühlte mich etwas unbehaglich, doch hatte ich wenig Zeit, darüber groß nachzudenken, denn nun ging ein junger Mann mit Schlips ans Mikro und eröffnete den Gottesdienst. Der Typ besaß anscheinend die Autorität, kraft seines bloßen Auftretens die Meute von 200 fast ausschließlich jungen Leuten zum Schweigen zu bringen. Das musste also der Pastor sein, wenn er auch nicht so aussah, ganz ohne Talar und so.

Der junge Mann betete kurz, aber laut, und rief dann die so genannte „Worship Band“[1] nach vorne, die sich als sechsköpfige Truppe von Musikern und drei Sängerinnen entpuppte. So weit so gut. Aber was ich dann in der nächsten Dreiviertelstunde erlebte, spottete jeglicher Beschreibung. Der Bandleader röhrte ins Mikro: „The Lord is good!“[2]

„Amen!“, „Halleluja!“, „Praise the Lord!“,[3] echote es aus den Reihen hinter und vor mir.

„Let's worship the Lord!“,[4] animierte der Mann am Mikro die Menge, mit dem gleichen Echo.

---

1 Lobpreisgruppe

2 „Der Herr ist gut!“

3 „Preis dem Herrn!“

4 „Lasst uns den Herrn anbeten!“

Und dann ließ mir der kojotenähnliche Sound einer E-Gitarre das Mark in den Knochen gerinnen. Eine Leinwand wurde heruntergefahren, auf die die folgenden Lieder (soweit mit verständlichem Text versehen und nicht gerade frei improvisiert) per Overheadprojektor projiziert wurden.

Aha! Daher keine Gesangbücher, dachte ich scharfsinnig, doch das war dann auch so ziemlich das Letzte, was ich in der nun folgenden Dreiviertelstunde noch denken konnte. Denn auf einmal befand ich mich mitten drin in einem Strudel von ziemlich lauter und rhythmischer Musik, gefangen zwischen klatschenden, wippenden, tanzenden, Arme schwenkenden, zu Tränen gerührten, knienden oder begeistert hüpfenden Leuten, die zumeist lauthals mitsangen. Das alles hätte ja auch positiv auf mich wirken können, hätte es sich um ein fetziges Rockkonzert meiner Lieblingsband gehandelt. Aber dies hier war kein Rockkonzert, sondern ein GOTTESDIENST! Wo blieb denn da die Andacht?

Beklommen saß ich in meiner Reihe und schielte zu Jan rüber. Den Versuch mitzusingen hatte ich längst aufgegeben, denn erstens kannte ich keines der Lieder und zweitens waren fast alle aufgestanden und somit ein Blick auf die Leinwand unmöglich.

Auch Jan stand und sang mit. Und er . . . ich traute meinen Augen nicht . . . hielt die Hände hoch und seine Augen geschlossen! Ich hätte schreien und rauslaufen mögen. Was war nur in diese Leute gefahren, und vor allem, was hatten sie mit Jan angestellt, dass er diesen Zirkus mitmachte?!

Mittelschwer verzweifelt und ziemlich verlassen saß ich wie ein Häuflein Elend in meiner Bank, als sich auf einmal von hinten eine Hand auf meine Schulter legte. Erschrocken fuhr ich herum und blickte in das freundliche Gesicht einer jungen Frau.

„May I pray for you?“,[1] fragte sie mich mitleidig. Ich nickte.

---

[1] „Darf ich für dich beten?“

Wenn ich das alles hier auch ziemlich verwirrend und fürchterlich fand, konnte ich wohl kaum jemandem verbieten, für mich zu beten, oder?

Zu meiner Überraschung ließ die Frau, die sich als Kathy vorstellte, ihre Hand auf meiner Schulter liegen und legte los. Ich verstand längst nicht alles, weil mein Englisch sehr dürftig ist und es um uns herum so laut war (das Singen war jetzt verstummt, aber dafür beteten sie jetzt, und zwar alle auf einmal kreuz und quer durcheinander!).

Wenn ich ehrlich war, bezweifelte ich sogar, dass sie überhaupt die ganze Zeit auf Englisch betete. Denn streckenweise kam es mir eher wie irgendein Busch-Dialekt aus Hinter-Honolulu vor (sollte dies das berüchtigte Zungenreden sein?). Ich war viel zu aufgelöst, um mich noch über irgendetwas zu wundern, also ließ ich sie gewähren.

So ziemlich das Einzige, was ich bei Kathys Gebet verstand, war das Wort „peace", was, wie mir mein dreiwörtiges Englischvokabular bestätigt, wohl Frieden heißen muss. Und irgendwie fühlte ich mich plötzlich ungemein getröstet. Hätte heulen können, denn in diesem Wirrwarr, der mich umgab und wie Wellen über mir zusammenschlug, gab es anscheinend einen, der mich zumindest verstand und der mir durch diese fremde Frau Frieden zusprach.

97

„Na, wie fandest du's?"

Nach dem Gottesdienst hatte Rick uns noch am Wasser abgesetzt, wo Jan und ich auf einer Mole hockend nun in Ruhe reden konnten, was auch dringend nötig war.

Jan schaute mich auffordernd an und schien immer noch so erfüllt von den vergangenen 2 ½ Stunden, dass ich gar nicht wusste, wo ich anfangen sollte. Eigentlich sollte ich doch heilfroh sein, dass Jan sich jetzt endlich Gott zugewandt hatte. Überhaupt – die Tatsache, dass *er mich* zu einem Gottesdienst mitgenommen hat und nicht umgekehrt, war doch eigentlich ein Wunder. Was wollte ich denn eigentlich? Ich fühlte mich undankbar, unlogisch und unmöglich.

Trotzdem war ich nicht in der Lage, Jan etwas vorzumachen. Also fragte ich zurück: „Ehrlich?"

Jan nickte. „Ganz ehrlich, bitte."

„Also gut", gab ich zur Antwort, kratzte all meinen Mut zusammen und sagte: „Ich fand's fürchterlich!"

Jan schaute mich verblüfft von der Seite an. „Alles?", fragte er erstaunt.

Das ließ mich nachdenken. „Nein, nicht alles. Die Predigt war ja ganz okay. Soviel ich davon verstanden habe . . . Ich glaube sogar, die war ziemlich gut – so klar und mit so viel Schmackes predigen die bei uns nie." Jan nickte zufrieden, also fuhr ich schnell fort: „Aber der Rest!!! Es war überhaupt nicht wie ein Gottesdienst. Hast du die Frau vor uns gesehen, wie die im Takt mit ihrem nicht gerade spärlichen Hinterteil gewippt hat?"

Jan schaute mich verblüfft an. „Nein."

„Natürlich nicht", schoss es aus mir heraus, bevor ich mich eines Besseren besinnen konnte. „Du hattest ja auch die ganze Zeit die Augen zu!" Mein aufgestauter Frust brach sich Bahn. „Und du hast mit den Händen in der Luft gewedelt – da kann man ja auch gar nicht merken, dass ich das Ganze fürchterlich und zum Rauslaufen fand."

Das saß. Nun war es soweit: Ich hatte Jan ordentlich verletzt. Doch ich war so sauer, dass dieser so genannte Gottesdienst meine ganze wohl geordnete Glaubenswelt wie ein Hurrikan verwüstet hatte. Da tat es mir noch nicht einmal Leid, dass ich Jan einen Seitenhieb versetzt hatte.

Eine Minute starrte er aufs Wasser, bevor er eine Nummer zu ruhig antwortete: „Aber du wolltest doch immer, dass ich mich für Gott öffne. Und nun habe ich ihn kennen gelernt und jetzt passt dir das auch nicht. Nur weil ich ihm vielleicht anders gegenübertrete, als du es aus Deutschland gewohnt bist?"

Ja, genau das war der Punkt. Monatelang hatte ich gebetet, dass Jan Gott kennen lernt. Aber hätte es nicht in anderer Form sein können? Konnte er nicht einfach mit mir ganz normal in die Kirche gehen? Muss es gleich eine so abgefahrene Art der Frömmigkeit sein? „Charismatisch" nannten die das wohl. So was soll es auch in Deutschland geben, habe ich läuten hören. Wenn ich von „charismatischen Kreisen" gehört habe, dann wurden diese immer als leicht überdreht und superfromm abgestempelt. Ich hatte mir folglich nie die Mühe gemacht, Genaueres über diese Bewegung zu erfahren. Ich finde „unsere" Art des Gottesdienstes ja auch völlig in Ordnung. Zugegeben war es manchmal ein bisschen dröge. Na, und die Lieder rissen einen auch nicht gerade vom Hocker. Und die Predigt hatte natürlich nicht so viel Pfeffer wie die heute, aber ... wenigstens wusste man immer ungefähr, was kommt. Man konnte sogar in den Losungen nachlesen, welcher Predigttext dran war. Alles war so schön geordnet.

Na ja, irgendeine Ordnung schien das Chaos von heute Morgen auch zu bestimmen, denn so plötzlich, wie alle angefangen hatten zu singen oder beten, so unvermittelt hörten sie auch wieder auf und lauschten auf das Gebet einzelner Leute oder stimmten wieder ein Lied an. Irgendeine für mich schwer auszumachende Struktur besaß das Ganze, aber für meinen Geschmack war es viel zu emotional und euphorisch.

Die Tatsache, dass Jan – mein nüchterner, skeptischer Jan – sich bei der ganzen Sache so hatte mitreißen lassen, beängstigte und verärgerte mich. Zugleich regte sich auch ein kleines quälendes Stimmchen im letzten Winkel meiner Seele, das mir zuflüsterte: „Und was ist, wenn die ganze Sache *keine* Show ist, sondern echt? Was, wenn Jan tatsächlich Gottes Nähe viel stärker erlebt, als du dies bisher für möglich hältst?"

Die Vermutung, dass Jan in den zwei Wochen, die er mit Gott ging, mir „altem Hasen" schon so viel voraus haben sollte, passte mir irgendwie nicht. Bisher war es doch andersrum gewesen! War ich jetzt diejenige, die „missioniert" werden musste?

Tränen füllten meine Augen und endlich sprach ich aus, was ich gleich hätte sagen sollen: „Es tut mir Leid. Ich freue mich ja, dass du angefangen hast mit Gott – aber alles ist so fürchterlich neu für mich.“ Damit schlang ich Jan meine Arme um den Hals und heulte seine Jacke nass.

Jan strich mir tröstend übers Haar und meinte nach einer Weile: „Wir werden das schon noch geregelt kriegen, wir drei, meinst du nicht?“

98

„Lass ihr Zeit . . . sie wird sich schon noch dran gewöhnen“, war Ricks Abschlusskommentar.

Ja, Rick hatte gut reden. Der kannte Pia ja auch nicht. Aber Jan kannte sie und wusste, dass Pia ganz schön dickköpfig sein konnte, besonders, wenn es um Glaubensfragen ging.

Trotzdem tat es gut, sich mal mit jemandem über die Sache zu unterhalten. Rick hatte ihm heute Abend auch sofort angesehen, dass was nicht stimmte.

Jan hatte ihm die ganze Geschichte erzählt. Er war total enttäuscht von Pias Reaktion. Und er fragte sich, ob es für Pia und ihn denn niemals einfach sein konnte. Immer tauchten die dicksten Probleme auf und immer genau dann, wenn man am wenigsten damit rechnete.

Zugegeben, diese Studentengemeinde war für deutsche Augen und Ohren wirklich ganz schön ausgeflippt. Aber gerade das hatte Jan ja so begeistert. Wenn es nach Pia gegangen wäre, hätte Jan sich wohl stillschweigend und brav in die altbekannte Liturgie fügen sollen. Still und andächtig das Ende des todlangweiligen Sonntagmorgen-Programms abwartend, und das auch noch auf unbequemen Kirchenbänken. Nein, danke! Nicht mit ihm! Diese ganze Andächtigkeit (ob nun geheuchelt oder echt) war Jan schon früher so dermaßen auf den Keks gegangen, da hätte er nie die Kurve gekriegt.

Hier dagegen, wo alles so erfrischend ungeplant zuging und man weder die Chance bekam noch die Lust verspürte, in süßem Schlummer zu versinken – hier konnte er auf einmal das Bild, das seine Eltern ihm von Gott vermittelt hatten, auf den Müll schmeißen und ganz neu anfangen.

Und es war auch tatsächlich richtig was passiert mit ihm in dieser kurzen Zeit hier. Er konnte jetzt an zu Hause denken, ohne dass es ihn gleich schüttelte. Jan fand es plötzlich spannend, Sachen über Gott rauszufinden und sogar zu beten, weil er merkte, dass er nicht mehr nur gegen die Wand redete, sondern dass da tatsächlich jemand war, der ihn hörte.

Aber all das beeindruckte Pia anscheinend nicht. Sie war viel zu sehr damit beschäftigt, den Gottesdienst von heute Morgen auseinander zu nehmen. Jan war absolut frustriert. Aber statt sich den gesamten Tag zu versauen, waren Pia und er erst mal essen gegangen und hatten das Kriegsbeil begraben.

Doch das war natürlich nur vorläufig gewesen, denn bis zum Abend war Pia total schweigsam und gar nicht wie sonst. Die Sache hatte wie eine schwarze Wolke zwischen ihnen gehangen. Es war für Jan, als wäre seine vergötterte Pia nun endgültig von ihrem goldenen Podest gefallen, auf das er sie gestellt hatte. Seine rosarote Brille hatte einen ziemlichen Sprung abgekriegt. Aber vielleicht war das sogar gut so. Diese neue Pia, die er nun sah, war eben nicht nur perfekt. Sie hatte auch ihre Haken und Ösen – genau wie Jan. Irgendwie war das ja auch eine beruhigende Erkenntnis, fand Jan.

Obwohl er mit dieser neuen Spannung schlecht leben konnte und wirklich hoffte, dass Rick Recht behielt und sie in dieser Sache irgendwie auf einen grünen Zweig kommen würden. Denn so sehr Pias Reaktion ihn auch wurmte, er liebte sie nun mal und sie war ihm unendlich wichtig. Und er wollte einfach nicht glauben, dass sein neuer „Chef" da oben ihre Beziehung gerade jetzt und gerade an dieser Frage scheitern lassen würde. Nein, das war völlig unlogisch!

„Na, dann lass dir mal was einfallen – ich komme mit meinem ABC nicht mehr weiter“, murmelte Jan seinem unsichtbaren Zuhörer zu und musste etwas lächeln bei der Vorstellung, dass er, Jan Olsen, nun tatsächlich so was tat wie beten.

99

Nach diesem ziemlich katastrophalen Einstieg in unsere gemeinsamen drei Wochen, die eigentlich hätten eitel Sonnenschein sein sollen (so zumindest hatte ich mir das vorher ausgemalt . . .), kam zum Glück auch eine angenehmere Zeit.

Endlich hatte Jan seine Vorlesungen und letzten Prüfungen hinter sich gebracht. Alles auf Englisch – ich erblasste vor Ehrfurcht. Hatte ich nicht einen schlauen Freund?

Mit ein paar Leuten vom Campus-Fellowship, also dieser Truppe Christen, zu denen auch Rick gehört, fuhren wir für eine Woche nach Montana zu so einer Art Studenten-Camp. So ganz hatte ich nicht kapiert, worum es sich dabei handelte. Eigentlich interessierte mich auch nur die Aussicht, die ganze Zeit auf engstem Raum mit Jan zusammen sein zu dürfen. Wir fuhren nämlich die satten 1.000 km in einem etwas klapprigen VW-Bus mit acht Leutchen. So mussten wir uns – oh, wie schlimm! – ziemlich zusammenquetschen.

Unterwegs schauten wir uns die riesigen Getreidefelder im Westen des Staates Washington an und besichtigten auch eine der Farmen. Zugegeben: Das war beeindruckend. Nicht nur die scheinbar endlose Weite dieses wogenden Grüns . . . Alles, das ganze Land kam einem riesig vor. Die Cascade Mountains zum Beispiel, die wir heute Morgen überquert hatten. Mitten auf dem Pass hatten wir Rast gemacht und uns die Beine vertreten. Der Nebel waberte noch in den Tälern, während wir auf unserem Rastplatz schon von einer unglaublich milden Aprilsonne beschienen wurden. Alles war so still und (trotz der nahen Straße) so idyllisch.

In Deutschland wären hier bestimmt schon wieder 18 Verbotsschilder gewesen, die einem den Pfad der ökologischen Tugend weisen, und Zäune und so. All das fehlte hier. Jan und ich kletterten einfach auf den nächsten Hang und genossen eng aneinander geschmiegt die phantastische Aussicht.

Es lag vielleicht wirklich an meinem erhöhten Glückshormonspiegel oder an der rosaroten Brille, die ich aufhatte, aber jedenfalls kam mir dieses Land einfach unfassbar schön vor. Und das trotz der Berge. Ich als eingefleischte Schleswig-Holsteinerin kriegte normalerweise schon bei kleineren Hügelchen nervöse Zuckungen und die Alpen musste ich schon gar nicht haben. Aber dies hier war einfach ... majestätisch. Man wollte schier platzen vor Schönheit und Glücklichsein oder schreien oder singen – aber das hätte natürlich alles nur kaputt gemacht. Also stand ich einfach da und trank diese Landschaft und Jans Nähe in andächtigem Schweigen in mich hinein und wünschte mir, dass dieser Moment nie vorbeigehen würde.

Leider ein ziemlich illusorischer Wunsch, denn schon bald ertönte das „Honk, Honk“ der alten VW-Bus-Hupe und riss uns unsanft aus unseren Träumen. Auch Jan schien von ganz weit weg wieder in die Realität zurückgekehrt zu sein, denn er lächelte mich plötzlich verlegen an, gab mir einen schnellen Kuss und dann machten wir uns Hand in Hand an den Abstieg.

Der nächste Punkt der Tagesordnung war nach weiteren zwei Stunden Autofahrt eher witzig als erhebend. Der Farmer, dessen Betrieb wir netterweise besichtigen durften, entpuppte sich als Nachfahre der dritten Generation einer deutschen Auswandererfamilie. Als der Mann mitbekam, dass wir leibhaftig aus Good old Germany stammen, wurde sein enormer landwirtschaftlicher Fuhrpark zur Nebensache und er bestand darauf, uns zum Lunch einzuladen. Das kam mir ganz gelegen, denn mein Magen hatte sich schon vor 60 Meilen bemerkbar gemacht.

Leider mussten wir den armen Mann aber enttäuschen, da wir weder Heinrich Müller aus Stuttgart noch seine Urgroßtante Luise Schimmelpfennig aus Winnenden kannten. (Komisch – wo Deutschland doch so klein ist – da *muss* man sich doch fast über den Weg laufen, oder?)

Nun ja, nach vielen lustigen Anekdoten und einem absolut leckeren Thunfisch-Salat-Sandwich machten wir uns wieder auf den Weg. Wir hatten immer noch fast 500 km vor uns und das bei einer Durchschnittsgeschwindigkeit von, schätze ich, 60 km/h . . . Aber da ich mich die ganze Zeit dicht an Jan kuscheln durfte, war mir das ziemlich schnuppe.

Mit Jan würde ich auch bis ans Ende der Welt fahren.

100

Als wir schließlich nach 19 Stunden Autofahrt in dem Camp ankamen, war ich dann aber doch glücklich, meine Isomatte und meinen Schlafsack zu schnappen und in meine Blockhütte zu torkeln. Auch wenn die Unterkunft recht spartanisch und schon mit 16 anderen Mädels belegt war. Ich hatte nur noch eines im Sinn: Liegen und schlafen!

Das Camp, das ich für eine Art Zeltlager von ein paar Leuten gehalten hatte, entpuppte sich, wie ich am nächsten Tag feststellte, als eine Großveranstaltung mit etwa 800 Studenten.

Mann! Dazu müsste man bei uns wohl alle christlichen Studenten der gesamten Bundesrepublik zusammenkratzen, um so was auf die Beine zu stellen. Dementsprechend hochkarätig waren auch die Gastredner. Leider verstand ich ja lange nicht alles von dem, was sie erzählten, aber soviel ich mitbekam, hatte vor allem der Hauptredner richtig den Durchblick. Er redete über die Offenbarung – ein Buch, an das ich mich bisher noch nie rangetraut hatte. Aber was er sagte, hatte dermaßen Hand und Fuß, dass ich genauso gebannt an seinen Lippen hing wie die anderen auch.

Sowieso störte mich die Art der Frömmigkeit dieser Leute hier gar nicht mehr so sehr wie in meinem ersten Gottesdienst-Schock hier drüben. Man gewöhnte sich irgendwie dran und es hatte auch was Mitreißendes. Ich ertappte mich öfter dabei, wie ich mit den Füßen den Takt mitwippte bei den Liedern, die ich inzwischen kannte. Und wenn dann eine „prophetische Botschaft" kam, wie sie das nannten, hörte ich auch ganz gespannt zu.

Ich fing sogar an, Jan zu verstehen. Die deutsche Kirchenfrömmigkeit erinnerte ihn zu sehr an das wenig überzeugende Glaubensleben seiner Eltern. Da konnte er gar nicht frei entscheiden. Aber dies hier war ganz anders – viel frischer, lebendiger, nicht so abgeklärt vielleicht.

Ich bin zwar noch nicht durch mit dem Thema, aber ich bin auch lange nicht mehr so geschockt wie am Anfang. Es muss doch einen glaubensmäßigen Weg für uns geben, mit dem wir beide gut klarkommen, oder?

101

„Hi, Rick!"

Jan und Rick trafen sich inmitten all dieser Leute kaum noch und vor allem, weil Jan alle freie Zeit natürlich mit Pia verbringen wollte. Deswegen war es richtig was Besonderes, Rick hier in der Schlange beim Essenfassen zu begegnen. Pia war kurz noch mal in ihre Hütte verschwunden, also hatte Jan beschlossen, ihr das Essen mitzubringen.

„Na, wie findest du es hier?", fragte Rick, während die Schlange sich langsam vorschob.

„Super", gestand Jan. „Und ich glaube, Pia gefällt es auch voll gut", fügte er lächelnd hinzu.

„Na, prima!", grinste Rick und zwinkerte Jan zu.

Doch da kam Pia und somit ging das Gespräch zu der Frage: „Und was gibt's heute zu Mittag?“ über – aber Jan hatte Rick schon verstanden.

102

Um all dem Rummel und den vielen Leuten mal zu entkommen, hatte ich am Morgen das Seminar abgeklemmt, saß an einen Baum gelehnt da und genoss das Alleinsein.

Drei Tage waren wir nun schon hier und trotz anfänglicher Vorbehalte musste ich sagen, dass mir das Ganze gut tat. Und das nicht nur, weil ich fast pausenlos mit Jan zusammen war. Auch die Vorträge und Seminare hatten total meinen Horizont erweitert. Und das Stärkste ist: Ich konnte jetzt mit Jan zusammen beten!

Das haute mich fast um. Er betete mit so viel Glauben und Zuversicht, dass ich meist sprachlos daneben saß und mich fragte, was ich wohl in dem Jahr, das ich nun schon Christ war, eigentlich gelernt hatte von Gott. Es war, als wäre mein Glaube ein Trockenstrauß gegen das frische Grün, das ich bei Jan sah.

Zuerst hatte mich das sogar ein bisschen geärgert – aber mal ehrlich: Was konnte mir denn Besseres passieren als ein Freund, der ganz augenscheinlich mit Haut und Haar Gott vertraute?

Doch dann kamen mir wieder Zweifel, ob das denn auch alles echt war oder nicht bald wie eine Seifenblase zerplatzen würde. Jan würde an dieser Stelle zu mir sagen: „Du musst Gott einfach mehr zutrauen.“

Ja, ich glaube, das ist echt der Punkt: Die ganze Zeit hatte ich dafür gebetet, dass Jan mit Gott ins Reine kam – und nun war es soweit und ich konnte es nicht glauben.

Tja, und dann diese andere Frage: Wenn wir wieder in Deutschland waren, in welche Gemeinde würden wir dann gehen? Sollte ich mit in eine charismatische Gemeinde gehen oder würde sich Jan überwinden, sich meine Kirche mal anzuschauen?

Während ich mir gerade den Kopf über ungelegte Eier zu zerbrechen begann, kam mir Schwester Elisabeths Spruch wieder in den Sinn, der mich schon so oft getröstet hatte: „Befiehl dem Herrn deine Wege und hoffe auf ihn; er wird's wohl machen."

103

„Siehst du den ‚Großen Wagen', Pia?"

Jan und ich hatten uns nach der Abendveranstaltung klammheimlich fortgeschlichen und spazierten nun am Ufer des Columbia River entlang. Es war eine sternenklare Nacht, ziemlich frisch, aber schön zum Zerplatzen. Der fahle Mond spiegelte sich auf dem Wasser wider und hinterließ in dem kristallklaren, leise gurgelnden Strom einen silbernen Strahl.

Und dann der Himmel! Hier drüben war alles größer. Sogar der Himmel! Eine solche Fülle von klar funkelnden Sternen hatte ich noch nie erlebt.

Als das Flussufer allmählich unwegsam wurde, hielten wir an. Jan hatte von hinten seine Arme um mich gelegt und ich lehnte meinen Kopf an seine Brust.

Nach einer Weile fragte er mich: „Was denkst du gerade?"

Ich schwieg, denn ich wollte den Zauber des Augenblicks nicht durch meinen plötzlich aufkommenden Trübsinn verderben.

Nach einer Weile gab ich dann aber doch kleinlaut zu: „Ich will nicht nach Hause . . ."

Denn der Termin meiner Abreise rückte unweigerlich näher und in jede Stunde, die wir miteinander verbrachten, mischte sich der bittere Vorgeschmack der herannahenden Trennung.

Jan umklammerte mich noch ein bisschen enger. Irgendwann sagte er mit einem dicken Kloß im Hals: „Ich will auch nicht, dass du gehst", und drehte mich zu sich um.

Ich spürte, wie dicke heiße Tränen unweigerlich in meine Augen traten, aber Jan ergriff erneut das Wort: „Aber was hältst du davon, wenn dies unsere letzte Trennung bliebe . . ." Meine ungläubig fragenden Augen blickten erstaunt in seine nun aufmunternd lächelnden, als er fortfuhr: „. . .bis dass der Tod uns scheidet . . .?"

Und abertausend funkelnder Sterne waren Zeugen, als ich Jan meine Antwort entgegenküsste.

EIN EXOTISCHER ROMAN MIT TIEFGANG

Sylvia Renz:

... UND WOLLTE DIE WOLKEN UMARMEN

Roman

In Zentraljava lebt das Volk der Badui noch fast wie in der Steinzeit. Sie wehren sich gegen jeden Fortschritt und führen ein von strengen Gesetzen reglementiertes Leben unter den wachsamen Augen ihrer eifersüchtigen Götter.

Der erste „Fremde“, den die 17-jährige Häuptlingstochter Jati kennen lernt, ist der deutsche Arzt David, der als Entwicklungshelfer in ihr Dorf kommt. Jati verliebt sich Hals über Kopf in den „Wunderdoktor“ mit den blauen Augen, der ihr das Leben gerettet hat und so unglaubliche Dinge über den Himmelsgott zu erzählen weiß, der alle Menschen liebt.

Jati wünscht sich nichts sehnlicher, als aus der Enge ihres Lebens auszubrechen und mit David in seine aufregende Welt zu gehen. Doch sie ahnt nicht, wie weit der Weg sein wird ...

Taschenbuch, 320 Seiten, Nr. 815 619

EIN TAUFRISCHES BUCH FÜR TEENS:

Ken Davis:

BARFUSS IM DSCHUNGEL

Überlebenstraining für Teens in einer Welt voller Bananenschalen und Schlingpflanzen

Ken Davis erfüllt die wichtigste Voraussetzung, um ein Buch zu schreiben, das Teens beim Überlebenskampf auf dem Gewaltmarsch durch den Dschungel der Pubertät helfen will: Er hat diesen Trip selbst schon er- und überlebt!
Dabei hat er zum Beispiel die Erfahrung gemacht,

- daß man einen Hockey-Puck in voller Fahrt mit dem Mund auffangen kann (wenn man es wirklich will),
- daß man Gefahr läuft, seine Badehose zu verlieren, wenn man den Haltegriff beim Wasserskifahren nicht rechtzeitig losläßt und
- daß man Küssen nur bis zu einem gewissen Grad vor einem Spiegel üben kann.

Solche und andere Herausforderungen des täglichen Teenagerlebens machen eins ganz klar: Du brauchst alle Hilfe, die du kriegen kannst!
Ken Davis geht es aber um weit mehr als nur das nackte Überleben. Er will dir helfen, daß du deine Teenie-Jahre ruhmreich hinter dich bringst und dabei auch noch so richtig auf deine Kosten kommst. Aber Vorsicht – in diesem Buch geht es knackfromm zur Sache!

Taschenbuch, 192 Seiten, Bestell-Nr. 815 494